1 MONTH OF
FREE
READING

at

www.ForgottenBooks.com

By purchasing this book you are eligible for one month membership to ForgottenBooks.com, giving you unlimited access to our entire collection of over 1,000,000 titles via our web site and mobile apps.

To claim your free month visit:

www.forgottenbooks.com/free955107

ISBN 978-0-260-54261-8
PIBN 10955107

roductions / Institut canadien de microreproductions historiques

996

Notes / Notes technique et bibliographiques

riginal
which
any of
may
g are

L'Institut a microfilmé le meilleur exemplaire qu'il lui a été possible de se procurer. Les détails de cet exemplaire qui sont peut-être uniques du point de vue bibliographique, qui peuvent modifier une image reproduite, ou qui peuvent exiger une modifications dans la méthode normale de filmage sont indiqués ci-dessous.

☐ Coloured pages / Pages de couleur

☐ Pages damaged / Pages endommagées

☐ Pages restored and/or laminated /
Pages restaurées et/ou pelliculées

☑ Pages discoloured, stained or foxed /
Pages décolorées, tachetées ou piquées

☐ Pages detached / Pages détachées

☑ Showthrough / Transparence

☐ Quality of print varies /
Qualité inégale de l'impression

☐ Includes supplementary material /
Comprend du matériel supplémentaire

☐ Pages wholly or partially obscured by errata slips, tissues, etc., have been refilmed to ensure the best possible image / Les pages totalement ou partiellement obscurcies par un feuillet d'errata, une pelure, etc., ont été filmées à nouveau de façon à obtenir la meilleure image possible.

☐ Opposing pages with varying colouration or discolourations are filmed twice to ensure the best possible image / Les pages s'opposant ayant des colorations variables ou des décolorations sont filmées deux fois afin d'obtenir la meilleur image possible.

L'exemplaire filmé fut reproduit grâce à la
générosité de:

D.B. Weldon Library
University of Western Ontario

Les images suivantes ont été reproduites avec le
plus grand soin, compte tenu de la condition et
de la netteté de l'exemplaire filmé, et en
conformité avec les conditions du contrat de
filmage.

Les exemplaires originaux dont la couverture en
papier est imprimée sont filmés en commençant
par le premier plat et en terminant soit par la
dernière page qui comporte une empreinte
d'impression ou d'illustration, soit par le second
plat, selon le cas. Tous les autres exemplaires
originaux sont filmés en commençant par la
première page qui comporte une empreinte
d'impression ou d'illustration et en terminant par
la dernière page qui comporte une telle
empreinte.

Un des symboles suivants apparaîtra sur la
dernière image de chaque microfiche, selon le
cas: le symbole ➔ signifie "A SUIVRE", le
symbole ▼ signifie "FIN".

Les cartes, planches, tableaux, etc., peuvent être
filmés à des taux de réduction différents.
Lorsque le document est trop grand pour être
reproduit en un seul cliché, il est filmé à partir
de l'angle supérieur gauche, de gauche à droite,
et de haut en bas, en prenant le nombre
d'images nécessaire. Les diagrammes suivants
illustrent la méthode.

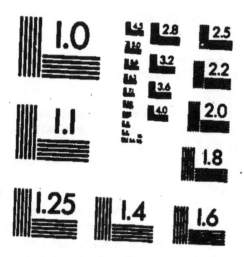

APPLIED IMAGE Inc

1853 East Main Street
Rochester, New York   14609,   USA
(716) 482 - 0300 - Phone
(716) 288 - 5989 - Fax

Sir Adolphe-B. Routhier

ntcalm

et Lévis

Drame historique

En cinq actes

vec prologue et six tableaux

DEUXIÈME ÉDITION

Québec

Compagnie Franciscaine Missionnaire

1918

MONTCALM ET LEVIS

DRAME HISTORIQUE

OUVRAGES DU MEME AUTEUR

EN PRÉPARATION

Sir Adolphe-B. Routhier

Montcalm

et Lévis

Drame historique

En cinq actes
Avec prologue et six tableaux

DEUXIÈME ÉDITION

Québec
Imprimerie Franciscaine Missionnaire
1918

PERSONNAGES

LE MARQUIS DE VAUDREUIL, *gouverneur.*

LE MARQUIS DE MONTCALM, *lieutenant-général*

LOUIS DE MONTCALM, *son fils*

LE CHEVALIER DE LÉVIS

M. DE BOUGAINVILLE

BOURLAMAQUE

FONTBONNE

DE SENEZERGUES

LAROCHEBEAUCOURT

POULHARIES

MONTBEILLARD

DE LAPAUZE

MALARTIC — DESANDROUINS

MARCEL, *secrétaire de Montcalm*

LE CURÉ RÉCHER

LE DOCTEUR ARNOUX

BERNETZ — DUMAS

FIEDMONT

BIGOT

CADET — VARIN

DE VILLIERS — DE LANAUDIÈRE — DE LORIMIER

DE LÉRY — DE SAINT-OURS — DE LANGY

DE LIGNERIS — DE HERTEL

SABREVOIS — DE LONGUEIL — DE GASPÉ

SOLDATS ET HOMMES DU PEUPLE

La marquise de Vaudreuil

La marquise de Saint-Veran

La marquise de Montcalm

Blanche de Montcalm, *sa fille*

Giselle de Lanaudière

Madame de Beaubassin

Madame de Léry

MONTCALM ET LEVIS

PROLOGUE

La scène se passe à Candiac, château des Montcalm, où le marquis va dire adieu à sa famille avant de partir pour le Canada.

SCENE I

LA MARQUISE DE SAINT-VERAN, (65 ans) seule.
Elle est assise dans un fauteuil, et elle essuie une larme.

Allons, résignons-nous. C'est à moi de donner du courage aux autres. Mais qu'elle est triste la séparation qui peut être éternelle !

LE MARQUIS DE MONTCALM (44 ans) et son fils LOUIS (17 ans) entrent et vont embrasser la **MARQUISE.**

SCENE II

LA MARQUISE DE SAINT-VERAN

Ainsi donc, mon fils, c'est l'heure du grand départ ?

MONTCALM

Oui, ma mère.

LA MARQUISE

Et tu es content ?

MONTCALM

O ma mère, vous sentez bien que je ne suis pas joyeux. Mais je suis militaire, et je dois obéir à l'appel de mon Roi, qui est peut-être aussi l'appel de Dieu.

LA MARQUISE

C'est bien, mon fils, et ce n'est pas moi qui te blâmerai.

J'espère au moins que le roi vous a fait bon accueil à Versailles ?

MONTCALM

Oui, mère, et votre petit-fils surtout a été enchanté. N'est-ce pas, Louis ?

LOUIS

Oh ! oui, grand'maman, le roi s'est montré si aimable et si bon pour moi.

LA MARQUISE DE SAINT-VERAN

Voyons, raconte-moi cela.

LOUIS

Voici : Sa Majesté était assise dans un haut fauteuil tout doré, et la belle madame de Pompadour était sur un siège plus bas à sa gauche. Quelques princes étaient debout de chaque côté. Le roi dit d'abord à mon père qu'il le nommait maréchal de camp, et qu'il lui confiait le commandement de son armée au Canada. Mon père a répondu.... mais dites plutôt vous-même, mon père.

LE MARQUIS

Eh ! bien, je remerciai chaleureusement Sa Majesté de la confiance qu'elle me témoignait, et je lui déclarai que je ferais tout pour m'en rendre digne. "Vous me confiez, Sire, une mission périlleuse et difficile, ai-je dit, mais c'est pour cela qu'elle me plaît et que je l'accepte avec enthousiasme."

"Quitter la France me sera bien pénible ; mais c'est elle qui par votre bouche me demande ce sacrifice ; je le ferai généreusement. Ma vie lui appartient, et je la voue à sa gloire et au service de Votre Majesté."

LA MARQUISE

Très bien, mon fils. Le roi a-t-il répondu quelque chose ?

LE MARQUIS

Oui, il m'a dit : Je sais, marquis, que nous vous condamnons à un exil lointain ; et que nous imposons à la patrie un grand sacrifice en hommes et en argent, pour garder une colonie qui n'a peut-être pas une grande valeur ; mais l'honneur de la France est engagé, et il exige que nous combattions jusqu'au bout pour le sauver.

LA MARQUISE

Sa Majesté ne parle pas toujours aussi bien. Et toi, mon cher petit, que faisais-tu pendant ce temps-là ?

LOUIS

Je me tenais debout près de mon père. Alors le roi m'a fait signe d'approcher, et il m'a dit : Toi, mon colonel, tu resteras au pays natal pour défendre la *vieille* France, pendant que ton père ira sauver la *nouvelle.*

C'est mon rêve, Sire, répondis-je ; mais Votre Majesté me donne un titre qui ne m'appartient pas.

"Il t'appartient, reprit Sa Majesté, je te nomme colonel de mon troisième régiment de cavalerie."

LA MARQUISE

Ah ! je comprends ta joie, cher enfant.

Tu as été l'objet d'une faveur insigne, et je suis
vraiment fière de vous deux.

SCENE III

LA MARQUISE DE MONTCALM entre, l'air triste et abattu,
avec BLANCHE sa fille.

LA MARQUISE DE SAINT-VERAN

Viens, ma chère fille, viens embrasser ton
général et ton colonel.

LA MARQUISE DE MONTCALM (37 ans).

Hélas ! On me donne un colonel, mais on
m'enlève mon général.

LE MARQUIS

On vous le rendra.

LA MARQUISE DE MONTCALM

Peut-être. La guerre ne rend pas tout ce
qu'elle prend.

LE MARQUIS

Mais souviens-toi, donc, ma chère amie.
J'ai 44 ans, et j'en avais 14 quand je suis entré
dans la carrière militaire. J'ai reçu le baptême
du feu il y a 25 ans, et j'ai fait bien des campagnes

depuis lors, en Allemagne, en Bohême, en Italie. Il
est vrai que j'ai bien failli laisser mes os au champ
de bataille de Plaisance, et quand on me ramassa
au milieu des généraux et des colonels tués ou
blessés, je n'espérais plus guère te revoir, ma chère
Louise. Mais j'en suis revenu tout de même.

LA MARQUISE

Oui, il n'en est pas moins vrai cependant
que la guerre fait bien des veuves et des orphe-
lins.

LE MARQUIS

La paix aussi a ses deuils. La mort peut
nous atteindre partout, et en tout temps. Turenne fut tué par un boulet ; mais Condé qui
avait livré tant de batailles, mourut je ne sais
plus de quelle maladie vulgaire, dans sa paisi-
ble retraite de Chantilly.

LA MARQUISE

Oui, mais vous, vous enviez le sort de Turenne ?

LE MARQUIS

Autrefois, oui, mais en ce jour triste des
adieux je me sens faiblir, et je préfèrerais finir
mes jours à tes côtés sous le beau ciel de notre

Provence, cultivant mes fleurs et mes vignes, relisant *Plutarque*, *Corneille* et mes vieux classiques grecs et latins, instruisant mes enfants et mes futurs petits enfants. Aie confiance, ma chère, cela viendra.

LA MARQUISE

Peut-être ! Mais il n'est pas rose, l'avenir qui repose sur un " peut-être ". Et puis vous êtes brave jusqu'à la témérité, mon cher ami ; et si votre vail'ance à toute épreuve fait mon admiration, je voudrais bien vous voir acquérir aussi cette vertu qu'on appelle " la prudence ".

LE MARQUIS

J'essaierai, pour vous plaire.

LA MARQUISE DE SAINT-VERAN

Et quels officiers aurez-vous sous vos ordres ? Vous a-t-on composé un état-major digne de vous ?

MONTCALM

Oui, j'emmène avec moi des compagnons d'armes valeureux, distingués, qui pourront seconder mes efforts. Et d'abord, le chevalier de Lévis, qui est plus jeune que moi, mais qui a de très brillants états de service. Il a fait avec moi la campagne d'Italie, et dans la malheureuse bataille de Plaisance il a été blessé comme moi.

LA MARQUISE DE MONTCALM

C'est encore un méridional, au sang chaud, et ce sera peut-être pour vous un danger de plus.

———————

SCENE IV

Les mêmes et le chevalier de LÉVIS (36 ans).

MONTCALM

Mon cher lieutenant, ma mère et ma femme sont alarmées des dangers qui nous attendent là-bas, et elles s'imaginent que vous êtes comme moi, impétueux et téméraire dans la bataille, et que nous allons nous pousser l'un et l'autre vers la mort.

LÉVIS

Mesdames, vous me jugez mal. Le marquis est la bravoure même, mais je suis la prudence. C'est moi qui veillerai sur lui.

LA MARQUISE DE MONTCALM

Vous êtes bien jeune pour jouer en Amérique auprès de mon mari le rôle que M. de Cambray attribue à Mentor dans son *Télémaque*.

LEVIS

C'est vrai, mais si je ne suis pas Mentor, il n'est pas *Télémaque*.

BLANCHE DE MONTCALM (14 ans).

Moi, si mon père voulait m'emmener, je partirais bien pour le Canada.

MONTCALM

Bravo, ma fille ! Voici Bourlamaque ; je vais lui demander si vous ne pourriez pas entrer dans l'artillerie.

———

SCENE V

Les mêmes et BOURLAMAQUE (40 ans).

MONTCALM

Bonjour, Bourlamaque, voici une recrue qui vous offre ses services. C'est ma fille Blanche.

BOURLAMAQUE

Très bien, au Canada, tout le monde porte les armes. Connaissez-vous l'histoire de Mademoiselle de Verchères ?

BLANCHE

Non, racontes-la moi.

BOURLAMAQUE

Elle m'a été contée par un Jésuite missionnaire, revenu du Canada.   Je vais l'abréger.
Madeleine de Verchères (c'est le nom de l'héroïne canadienne) avait 14 ans lorsqu'elle accom-
plit ce beau fait d'armes.   Elle habitait avec sa
famille un fort, au bord du fleuve Saint-Laurent,
dans une partie du pays où les Iroquois faisaient
de fréquentes incursions.   Un jour que son père
était absent, un parti d'Iroquois survint, et, après
avoir fait prisonniers plusieurs habitants du voi-
sinage, ils aperçurent la jeune fille en dehors du
fort, et s'élancèrent à sa poursuite.   Un sauvage
la suivait de si près qu'il put saisir le fichu qu'elle
avait au cou ;   elle le lui abandonna et courut
si vite qu'elle put rentrer dans le fort.

Sans perdre un instant, elle prit un accoutre-
ment militaire, appela aux armes comme si elle
avait eu toute une garnison sous ses ordres,
s'élança sur le bastion où il n'y avait qu'un seul
soldat, chargea elle-même le canon de cinq livres
de balles et fit feu sur les Iroquois.   En même
temps le soldat leur tirait des coups de fusil, et
tous deux se montrant dans les meurtrières

tantôt ici, tantôt là, firent croire aux ennemis
que les défenseurs du fort étaient nombreux. Si
bien que les Iroquois déguerpirent.

BLANCHE DE MONTCALM

Cette demoiselle de Verchères était une
Jeanne d'Arc ; j'espère que les Anglais ne l'ont
pas brûlée comme la Vierge de Domrémy.

LEVIS

Oh non. Elle s'est mariée, et elle a eu beaucoup d'enfants. Nous ferons certainement connaissance avec plusieurs de ses descendants.

LOUIS

C'est une histoire admirable. Et vous, M. de
Lévis, cela vous plaît d'aller au Canada ?

LEVIS

Beaucoup. Traverser les mers, parcourir
les forêts vierges, sillonner les grands lacs et les
fleuves, guerroyer l'été, s'amuser l'hiver ; c'est
une vie que j'aimerai.

LA MARQUISE DE MONTCALM

Je comprends cela pour un célibataire, mais
s'en aller guerroyer si loin quand on est père de
famille !

MONTCALM

Ah ! ma chère amie, c'est la patrie qui demande ce sacrifice. Le Canada est au bout du monde, c'est vrai, mais c'est encore la France, et c'est elle qu'il faut servir pour la rendre toujours plus grande et plus glorieuse.

Le palefrenier entre et dit :

Général, les chevaux sont sellés.

MONTCALM

C'est l'heure, il faut partir. Allons mère, allons Louise, il faut nous dire adieu, ou plutôt au revoir.

Montcalm embrasse sa mère, son épouse, ses enfants et sort suivi de Bourlamaque et de Levis. Madame de Saint-Véran s'est levée, et accompagne son fils jusqu'à la porte avec les enfants. La Marquise de Montcalm s'est laissée tomber dans un fauteuil et sanglotte.

MADAME DE SAINT-VERAN *revient vers elle et lui dit :*

Soyons fortes, ma fille, et souvenons-nous du Dieu du Calvaire. Des femmes chrétiennes ne doivent pas être moins courageuses que ne le furent tant de matronnes romaines qui croyaient en Jupiter. Courage ma fille.

MADAME DE MONTCALM

O ma mère, votre fille est veuve !...

Le rideau tombe.

PREMIER ACTE

La scène se passe au château Saint-Louis. Il y a grande
réception et bal chez le gouverneur. Tout Québec est là...

Les brillants costumes français de l'époque, les uniformes des
militaires, très nombreux, et les toilettes des dames du temps de
Louis XV donnent beaucoup d'éclat au tableau. Le marquis
de Vaudreuil, le chevalier de Lévis, Bourlamaque, Bougainville,
MM. de Villiers, Desandrouins, de Lapause, de Léry, de Ligneris, de Gaspé, de Lanaudière, et d'autres occupent le devant
de la scène.

Bigot éclipse tout le monde par la richesse de ses vêtements
et ses bijoux ; il forme de temps en temps un groupe séparé
avec ses amis; trois hurons, en grande tenue, attirent aussi l'at-
tention. Orchestre, au fond derrière un écran. Pendant que le
grand nombre dansent, au fond de la scène quelques-uns jouent
aux cartes, et d'autres causent. A droite, sur une petite es-
trade, deux fauteuils où sont assis le gouverneur et Mme de Vaudreuil. Tous les arrivants viennent les saluer. Les gentils-
hommes baisent la main de la marquise.

SCENE I

VAUDREUIL

Le gouverneur se lève et s'approche de Lévis, debout à la gauche de
Madame la Marquise de Vaudreuil.

Dites-moi, Lévis, le marquis de Montcalm
est-il malade ? Il n'est pas encore arrivé.

LEVIS

Non, M. le gouverneur, je l'ai vu ce matin bien portant.

VAUDREUIL

Tout le monde s'informe de lui, et demande à le voir.

LEVIS

Ah ! c'est qu'on l'admire beaucoup, depuis son brillant fait d'armes de Chouaguen. On ne parle que de lui.

VAUDREUIL

Je n'en doute pas. J'ai été d'autant plus heureux du succès de cette expédition, que c'est moi qui l'ai proposée, et presqu'imposée à M. de Montcalm.

DE LAPAUZE qui se tient près de Lévis.

En tout cas, M. le gouverneur, il est fort heureux que vous ayez trouvé un général comme M. de Montcalm pour exécuter votre projet.

VAUDREUIL paraît un peu piqué.

Oui, sans doute, et je lui rends justice.

DE LAPAUZE

Grâce à Dieu, M. le gouverneur, ils sont
passés, les jours néfastes de Dieskau. Son humiliante défaite planait encore sur l'avenir de
la Nouvelle-France comme un nuage sombre.
Le bel exploit de M. de Montcalm a produit
l'effet d'un orage électrique ; il a dissipé l'ombre
et pu é l'air.

M. de VAUDREUIL s'éloigne. BOURLAMAQUE s'approche, et dit à part:

Bravo Lapauze !

LAPAUZE continue, en s'adressant à quelques autres officiers :

Je dis ce que je pense.

L'expédition de Chouaguen éclipse la plupart
des glorieux faits d'armes de notre histoire.

LEVIS

Ce qui est admirable, c'est qu'elle ne coûte
pas cher, et que ses résultats sont énormes.
Quand je songe que vous avez fait seize cent cin-
quante prisonniers de guerre, capturé cinq drapeaux, sept navires, deux cents barges, cent
vingt-et-un canons, quarante-huit mortiers, dix-
huit cents fusils, des munitions, et jusqu'à la
caisse militaire contenant une vingtaine de mille
francs, je suis émerveillé.

SCENE II

Les mêmes, M. DE MONTCALM.
M. de Montcalm arrive, et va présenter ses hommages au gouverneur et
à madame la marquise de Vaudreuil. Il baise la main de celle-ci.

Quelle brillante réunion, madame ! Tous mes compliments.

LA MARQUISE

Merci. Vous êtes en retard, général.

MONTCALM

Oui, madame, et je vous fais mes excuses. C'est la faute à Pierre Corneille.

LA MARQUISE

Comment cela ?

MONTCALM

Je me suis attardé à lire *le Cid.*

MADAME DE BEAUBASSIN (née Jarret de Verchères) qui s'est rapprochée :

Je comprends, général, que les œuvres de Corneille vous captivent ; car il est le poëte des héros et des grands gestes.

MONTCALM

Oh ! madame, vous allez me faire rougir comme une jeune fille, mais je vous pardonne

pour l'amour de Corneille, dont je vous sais éprise,
comme moi.

LEVIS

En effet, général, j'ai entendu Mme de Beaubassin réciter des pages entières de Corneille ;
et l'autre jour, elle vous a appliqué deux vers du
Cid.

MONTCALM

A quelle occasion ?

LEVIS

C'était chez elle, le jour même où furent
suspendus à la voûte de la cathédrale, au milieu
des cérémonies les plus grandioses, les drapeaux
conquis sur l'ennemi à Chouaguen.

Lapauze nous racontait tous les détails de
votre belle victoire, et alors, Mme de Beaubassin
a dit :

Ses pareils à deux fois ne se font pas connnaître.
Et pour leurs coups d'essai veulent des coups de maître !

MONTCALM

Oh ! madame, ces vers sont beaux, mais
vous les appliquez mal, et si j'avais été présent,
je vous aurais répondu par celui-ci :

Mais qui sert bien son roi ne fait que son devoir.

Les dames applaudissent. M. de MONTCALM offre alors son bras à Marquise de Vaudreuil.

Madame, me ferez-vous l'honneur de danser un menuet ?

M. DE LEVIS à Giselle de Lanaudière

Mademoiselle, je sollicite la même faveur.

Mais au lieu de se mêler aux danseurs, ils traversent la scène, et vont s'accouder à une fenêtre, qui ouvre sur le fleuve, A gauche.

SCENE III

GISELLE DE LANAUDIERE

Eh ! bien, chevalier, vous me paraissez soucieux, aujourd'hui, qu'est-cc que vous avez ?

LEVIS

Ce que j'ai ? J'ai 36 ans, mademoiselle, et je me sens vieux.

GISELLE

C'est que les années ont compté double pour vous, à raison des grandes choses que vous avez déjà accomplies.

LEVIS

Ne vous moquez pas de moi, au moins ; je suis déjà assez triste: Vous ne savez pas combien ils sont rares les hommes qui font vraiment de grandes choses. Non, je n'ai rien fait de grand, et je crains bien de ne jamais atteindre à la grandeur. J'ai guerroyé comme bien d'autres, et c'est tout.

GISELLE

Vous êtes entré très jeune dans la carrière militaire ?

LEVIS

A l'âge de 14 ans.

GISELLE

Ah ! quelle chose terrible ! Il y a 22 ans que vous faites la guerre ?

LEVIS

Mais oui, et j'ai fait quelques rudes campagnes, en Bohême, en Allemagne, en Italie. J'ai versé le sang des autres, et un peu du mien pour la patrie...

GISELLE

Eh ! bien, c'est grand cela ?

LEVIS

On le dit, mais je n'en suis pas convaincu. Après tout, je n'ai fait que mon métier de soldat, et rempli le plus simple des devoirs.

GISELLE

Et vous n'êtes pas fatigué de cette rude carrière ?

LEVIS

Non, il parait qu'on se fatigue de l'amour, et non de la guerre.

GISELLE

Je n'ai aucune expérience là-dessus ; mais... vous avez abusé de l'amour, peut-être ?

LEVIS

Non, quoique chevalier. En vérité, je ne l'ai guère cherché ; mais il nous guette toujours, vous savez.

GISELLE

Encore, à 36 ans ?

LEVIS

Toujours. C'est comme une fièvre intermittente ; on s'en croit guéri, et cela vous reprend sans crier gare.

GISELLE

Pas en Canada ?

LEVIS

Précisément, je croyais qu'en venant au Canada, j'échapperais à tout danger sous ce rapport ; mais aujourd'hui, je ne suis plus rassuré ; je retrouve à Québec tant de filles d'Eve distinguées, jolies, portant de beaux noms, appartenant à de nobles familles, et en tout point charmantes, que je me sens déjà repris.

GISELLE

Mais il n'y a pas là de quoi vous rendre si triste.

LEVIS

Ah, c'est que je crois à la vérité du proverbe oriental :

Semez l'amour, et vous récolterez des larmes,

Sans doute, ces larmes sont douces d'abord, mais c'est comme notre vin du midi, plus il est doux, et plus il y a de lie au fond.

GISELLE

Chevalier, vous n'êtes pas chevaleresque. Et voulez-vous que je vous dise quel est votre mal ? Vous avez la nostalgie de la vieille France, et la Nouvelle ne suffit pas à vous en guérir.

LEVIS

Vous vous trompes, savez-vous que je lis votre histoire, et que je m'y intéresse comme à la lecture d'un beau poëme épique ?

GISELLE

Je n'en suis pas étonnée. Notre histoire est une suite des épopées françaises.

LEVIS

J'en ai lu aujourd'hui l'un des plus jolis épisodes : le beau fait d'armes accompli par une jeune fille de 14 ans, nommé Madeleine de Verchères. Et l'on m'a dit que vous êtes de sa descendance.

GISELLE

Je suis sa petite fille, mais bien dégénérée.

LEVIS

Ah ! non ; je suis sûr que vous pourriez faire comme elle. Mais les temps sont changés. C'est à nous maintenant, et non aux femmes, de défendre la Nouvelle-France.

GISELLE

Oui, et vous le faites brillamment. M. de Montcalm et vous serez un jour les héros de quelque nouvelle chanson de Geste.

LEVIS

M. de Montcalm, oui, mais moi, je ne sais pas du tout ce que l'avenir me réserve.

GISELLE

Je le sais, moi.

LEVIS

Ah ! vous connaissez mon avenir ? Voulez-vous me le dire ? J'espère au moins que vous n'êtes pas une prophétesse de malheur ?

GISELLE

Je ne suis pas du tout prophétesse — Ce que je sais, je l'ai appris de personnes qui connaissent bien votre famille.

LEVIS

Voyons, que savez-vous ?

GISELLE

Je sais que votre famille fonde sur vous les plus grandes espérances, qu'elle vous prépare en France un brillant mariage avec une jeune fille de haut rang, que vos grandes qualités militaires vous assureront les postes les plus élevés, et les plus grands honneurs dans votre pays.

LEVIS

Vous avez eu raison de dire que vous n'êtes pas prophétesse ; car rien ne me paraît moins certain que vos prévisions. Pour le moment, je ne suis pas mécontent de mon sort. La guerre me plait, et votre admirable pays me plait aussi.

GISELLE

Depuis quand donc vous êtes-vous épris
de notre Nouvelle-France ?

LEVIS

Depuis que je vous connais.

GISELLE

Parlez sérieusement, je vous prie.

LEVIS

Eh ! bien, oui, je vais parler sérieusement.
Oui, j'aime beaucoup votre pays, et c'est en vous
que je l'aime. Vous incarnez pour moi la Nouvelle-France. Quand je parle d'elle, je pense à
vous, quand on me parle de vous, je me souviens
d'elle. Dans la fumée des combats que je livre
pour elle, c'est votre image qui m'apparaît, et
qui me sourit. Dans mes rêves de bonheur et de
gloire futurs, c'est vous que j'entrevois comme ma
récompense et ma couronne...

MADEMOISELLE DE LANAUDIERE écoute les yeux baissés, et, après
un silence, elle dit :

Ne me parlez pas ainsi, chevalier. Il ne
faut jamais faire des rêves impossibles.

LEVIS

Pourquoi impossibles ?

GISELLE

Ne poses pas même cette question. Il y
a toujours tant d'obstacles à la réalisation des
rêves de cette vie... Qui connait l'avenir, mon
ami ? Il semble bien aujourd'hui que nos destinées pourraient suivre la même route ; mais
demain, quelle sera votre mission dans le monde ?
Et quelle sera la mienne ? Quels devoirs les évènements nous imposeront-ils à tous deux ? La
vie est une route qui bifurque à certains endroits,
et souvent deux amis qui s'en vont en se tenant
par la main sont forcés de se séparer à la croisée
des chemins. Ne formons donc pas aujourd'hui
des liens que les évènements peuvent briser demain. Ces ruptures ne se font jamais sans douleur.
Vous êtes militaire et Français. Moi, je suis
Canadienne et très attachée à mon pays...

M. DE MONTCALM s'approche avec MADAME DE LERY
et salue MADEMOISELLE DE LANAUDIERE.

SCENE IV

MONTCALM

Mademoiselle, je vous présente mes hommages. (Giselle salue.)

LEVIS

J'en étais à faire l'éloge des Canadiennes, général, et je disais à mademoiselle qu'à notre retour en France, j'en parlerai de manière à étonner les Françaises, qui les confondent avec les Indiennes.

MONTCALM

Je leur tiendrai le même langage, et je leur apprendrai que les Canadiennes n'ont absolument rien pris aux Iroquois, si ce n'est la cruauté.

MADAME DE LERY

Est-ce un compliment ?

MONTCALM

Oui, Madame, car la cruauté qui est un défaut chez les hommes, est une vertu chez les femmes.

MADAME DE LERY

Vous êtes trop modeste, général. Car je connais ici des femmes charmantes, qui accueillent très bien vos hommages.

LEVIS

Vous avez raison, madame.

MONTCALM

Chevalier, vous jugez de mes succès par les

vôtres, mais je n'ai pas vos ava tages.   N'est-ce
pas mademoiselle ?

GISELLE

Vous avez bien l'air de deux coupables ; et
si vous faisiez tous les deux une confession géné-
rale, ce serait une leçon utile pour les jeunes filles
et les jeunes femmes.

MONTCALM

En effet, nos confessions seraient si édifiantes !

GISELLE souriant.

Ce n'est pas ce que je veux dire...

Bourlamaque vient inviter Giselle à danser, et lui offre son bras.
Tous deux s'éloignent. Lévis offre son bras à Madame de Léry   pour une
danse. MONTCALM se retourne, et se trouve en face de BIGOT qui lui
tend la main.

MONTCALM à BIGOT

On vous disait   malade, M. l'Intendant.

BIGOT

Je l'ai été.

MONTCALM

Vous n'êtes pas changé.

BIGOT

Moi, je ne change jamais.

MONTCALM souriant

Malheureusement.

BIGOT riant

Prenez garde, je change quelquefois d'amours, et ce soir même je vais faire la cour à madame de Beaubassin.

MONTCALM

Sans votre permission, je passerai devant.

Il tourne le dos à l'intendant et se dirige vers madame de Beaubassin. BIGOT, CADET, VARIN, VERGOR se groupent à gauche, et causent ensemble.

SCENE V

CADET

Dis donc, Bigot, Lévis fait la cour à mademoiselle de Lanaudière ?

BIGOT

Evidemment.

CADET

Elle est jolie.   Croyez-vous qu'il l'épouse ?

BIGOT

Non, dans sa position, on aime, mais on n'épouse pas.

VARIN

Ah ! mon cher ami, on ne sait jamais.
Quand une femme veut...

BIGOT

Oui, mais voudra-t-elle ?

VARIN

Allons donc, une canadienne, compatriote
des Algonquins, qui se ferait prier pour devenir
marquise, et peut-être duchesse de Lévis ! Je
voudrais voir ça. Ça serait un phénomène.

BIGOT

Toutes les femmes sont des phénomènes...
naturels... mon cher.

VARIN

Heureusement, car nous n'aimons pas beaucoup le surnaturel, nous autres. Mais à propos
de surnaturel, savez-vous ce qui m'arrive, mes
amis ?

BIGOT

Je le sais, vous pensez à vos fins dernières ?

VARIN

Vous riez, mais c'est vrai. J'ai peur de mourir.

BIGOT

Ah ! je t'en prie, Varin ne prononce jamais ce mot-là. L'entendre seulement me fait vieillir.

CADET

Comment dire alors ?

BIGOT

On dit : aller *ad patres !* Quand on a du patriotisme, ce n'est pas triste d'aller rejoindre ses pères.

CADET

Ou bien, on dit : aller retrouver sa grand' mère, la Terre.

VARIN

C'est vrai. Qui est-.e qui n'aime pas sa grand'mère ?

CADET

Voyez les cultivateurs, comme ils l'aiment la terre !

BIGOT

VARIN

Fermez les yeux, vous ne la verrez pas venir.

BIGOT

Au contraire, ce sont les yeux fermés qui la voient le mieux. Dis-moi, Cadet... de Gascogne, connais-tu les remords, toi ?

CADET

Non, sont-ce de nouveaux arrivés de France ?

VARIN

Peut-être, car Voltaire les a bannis de la Mère-Patrie.

CADET

Pas de langage figuré, s'il vous plaît, et dites-moi ce que vous voulez savoir.

BIGOT

Je veux savoir si tu sens quelquefois des troubles de conscience ?

CADET

Non, jamais, je ne connais que les troubles d'estomac.

BIGOT

Quand il est vide ?

CADET

Ou quand ma bourse est vide. Et toi, Varin ?

VARIN

Ne me parlez pas de ma conscience, car il
suffit d'en parler pour qu'elle revienne de l'exil
où je l'ai envoyée.

BIGOT

Depuis quand l'as-tu bannie, et pourquoi ?

VARIN

Depuis que vous m'avez associé à vos
spéculations. Elle me tourmentait, et m'empê-
chait de m'enrichir. Alors, je l'ai chassée, comme
j'ai fait de ma femme, parce qu'il y avait incom-
patibilité d'humeur entre nous.

BIGOT

Et depuis lors tu as la paix ?

VARIN

Pas toujours. Car si ma femme n'a jamais
eu la tentation de me revenir, il n'en est pas ainsi
de ma conscience. Elle avait pour moi un attachement beaucoup plus fort évidemment, et elle
revient souvent me solliciter de la reprendre.

Avec ça qu'elle est éloquente, et qu'elle me fait des discours qui me troublent.

BIGOT

Que fais-tu alors ?

VARIN

Je fais comme les sauvages, je prends de l'eau de feu — mais cela me donne une idée.

BIGOT

Ah ! combien vaut-elle, ton idée ?

VARIN

En argent ? Rien, c'est une idée morale.

BIGOT

Une idée morale, venant de toi ? Allons, mes amis, qui veut acheter une idée morale de Varin ?... Pas d'enchérisseurs. Garde-là pour toi, Varin.

VARIN

Eh ! bien, non, je vais vous la donner gratis, et je suis sûr que vous la trouverez bonne. Mon idée est que nous allions au buffet goûter l'eau de vie du gouverneur.

BIGOT

VARIN

Elle n'est pas immorale, non plus.

BIGOT

Non.

VARIN

Donc, elle est morale ; car il n'y a que deux
sortes d'idées, les morales et les immorales.

CADET

Dans tous les cas, ton idée est bonne. Varin, allons au buffet. (Tous vont au buffet).

SCENE VI

LEVIS, BOURLAMAQUE, BOUGAINVILLE, DE LANAU-
DIERE, DE LIGNERIS, DE VILLIERS s'avancent sur le devant
de la scène en paraissant discuter.

LEVIS s'adressant à BOURLAMAQUE et à BOUGAINVILLE

Vous avez tort, mes amis ; Vous ne rendez
pas pleine justice aux miliciens canadiens. Naturellement, ils n'ont pas l'entraînement des
troupes régulières. — Mais pour les expéditions
d'hiver dans les bois et les neiges, ils n'ont pas
d'égaux. Et puis, vous ne savez peut-être pas,
Bougainville, que nos soldats sont logés, chauffés

et nourris pendant l'hiver chez les pauvres colons,
à raison de dix sous par jour.

DE VILLIERS

Payés en monnaie de singe.

BOUGAINVILLE

Qu'appelez-vous monnaie de singe ?

DE VILLIERS

J'appelle ainsi les bons en papier que l'intendant nous délivre et qu'il faut changer au rabais.

BOUGAINVILLE

Plaignez-vous aux autorités.

DE VILLIERS

Ah oui, les autorités... Parlons-en !

MONTCALM intervient

Non, mon ami, n'en parlons pas. Les autorités sont impuissantes. Elles sont divisées,
et je ne vois guère comment l'unité d'action serait possible avec le régime auquel la colonie
est soumise.

M. DE VAUDREUIL se rapproche

La division des pouvoirs dans le corps so-
cial est pourtant bonne, en principe.

MONTCALM

Oui, mais à condition qu'ils soient centralisés au sommet dans une seule tête. Ici, la centralisation fait défaut, parce que la tête manque.

VAUDREUIL

Que voulez-vous dire ?

MONTCALM

Je veux dire que la tête est en France.

VAUDREUIL

Oubliez-vous, général, que je représente ici le Souverain ?

MONTCALM

Oh ! non, je ne puis pas l'oublier, car vous me le rappelez souvent, en me faisant sentir votre autorité.

VAUDREUIL

J'en use rarement, et je n'en abuse jamais.

MONTCALM

Vous n'en abusez pas à l'égard de l'intendant.

VAUDREUIL

Que voulez-vous dire encore ?

MONTCALM

Je veux dire que Bigot et ses complices font des fortunes scandaleuses aux dépens du trésor public et des colons tandis que nos soldats sont mal équippés, mal nourris, mal payés, et que vous ne possédez pas le pouvoir de mettre fin à ces désordres intérieurs qui vont conduire la colonie à la ruine.

VAUDREUIL

Général, vous voyez tout en noir ; mais laissez-nous au moins l'espérance, et n'oubliez pas que la colonie compte sur vous pour être sauvée.

MONTCALM

Je donnerai ma vie pour la sauver. Et je ne veux pas désespérer encore ; car il y a une force qui nous reste, c'est l'esprit militaire, et le courage de nos troupes. Le soldat français est le premier soldat du monde.

DE VILLIERS

Et le Canadien ?

MONTCALM

Il tient de race, bon sang ne peut mentir.

VAUDREUIL

Voilà une bonne parole.

MONTCALM

Elle est sincère et vraie. Et maintenant, gouverneur, l'heure est venue de nous retirer. Le jour va bientôt paraître. Nous allons nous remettre à l'œuvre et travailler de concert, pour assurer la victoire.

Tous serrent la main du gouverneur.

(Le rideau tombe).

DEUXIEME ACTE

La scène se passe à Carillon — le 8 juillet 1758, en deux tableaux.

PREMIER TABLEAU : *Avant la bataille.*

Le théâtre représente le camp, les tentes, les retranchements en terre et en arbres abattus — Sur une hauteur : le Fort — A gauche : la rivière " la Chute " et au-delà, la montagne du " Serpent à sonnettes " — Il est trois heures et demie du matin. L'aurore grandit à l'horizon.

On aperçoit Montcalm qui visite les retranchements —

Il interroge les sentinelles, et plusieurs soldats sortent des tentes et se groupent autour de lui.

MONTCALM

Le jour qui se lève, mes amis, sera un grand jour. Nous allons nous battre, et la bataille sera rude.

UN SOLDAT

Avez-vous des nouvelles de M. de Lévis, général ?

MONTCALM

Non, mais il est averti, et je l'attends ce matin avec sa troupe. Puisse-t-il arriver à temps !

UN AUTRE SOLDAT

En tous cas, si les Anglais nous attaquent, il faudra bien nous défendre.

MONTCALM

C'est cela.   Nous ne pouvons pas refuser la bataille.   Et si l'ennemi s'avance, nous ne reculerons pas.

UN SOLDAT

Voyez donc, général, comme l'eau de la rivière est rouge.

MONTCALM

C'est un reflet d'aurore.   Hélas !   Elle sera plus rouge ce soir, car des flots de sang s'y mêleront à l'eau des savannes !   O Dieu des batailles, épargnez celui des nôtres.

Des cris retentissent au loin dans la forêt.

C'est Lévis ! *(s'écrient les soldats)*   Ce sont nos gens qui arrivent !...

MONTCALM

Oui, c'est Lévis, que le gouverneur avait envoyé au fort Duquesne sans nécessité, et malgré moi.   Par bonheur, il nous revient à temps. Dieu soit béni !   C'est la victoire !

Tout le camp se met en mouvement.
Lévis et ses quatre cents hommes défilent au cri de " Vive la France! "
Les deux généraux se jettent dans les bras l'un de l'autre

MONTCALM

Ah ! quelle joie de te voir arriver en ce moment, mon cher Lévis !

LEVIS

Mon bonheur est aussi grand que le vôtre. Imaginez-vous que je m'en allais aux Cinq Nations iroquoises quand j'ai reçu l'ordre de venir vous rejoindre. Il ne me paraissait pas possible d'être ici avant le 10 juillet, et je l'ai écrit à M. de Vaudreuil ; mais quand j'ai appris que l'ennemi vous pressait, et que le 10 serait peut-être trop tard, j'ai pris avec moi quatre cents hommes et M. de Senezergues, et nous avons marché jour et nuit pour arriver ici ce matin, 8 juillet, deux jours plus tôt que je n'avais cru possible. Que je suis heureux d'être arrivé à temps !

MONTCALM

C'est le ciel qui t'envoie, mon cher Lévis, et je pleure de joie en te revoyant. Tout est possible avec toi, et, quand il le faut, tu as des ailes pour voler où le devoir t'appelle.

Tu vas commander ma droite. C'est là qu'est le danger, et c'est là qu'il faut vaincre !

LEVIS

Soit, nous vaincrons !

MONTCALM

Vois-tu, mon ami, quand tu n'es pas là, je perds confiance en moi-même. Je ne me sens plus complet. Il me semble qu'il me manque un bras, mon bras droit.

Mais quand tu es à mes côtés, je ne doute plus de rien. Dans ce lointain pays, à mille lieues de la mère-patrie, sans communications pendant huit mois de l'année, la patrie, c'est toi, c'est moi, ce sont ces braves gens qui sont toujours prêts à mourir pour elle. Mais pour qu'elle soit bien vivante, il faut que nous vivions tous les deux ; si nous étions tués, ce serait la mort de la France en Amérique.

LEVIS

Ce n'est pas modeste, peut-être, mais c'est vrai.

En Europe, dans les guerres ordinaires, quand un général est tué, on le remplace par un autre, et tout est dit. Mais ici, dans cette lutte suprême que nous soutenons, la vieille France est incarnée en nous, et dans cette petite armée que nous commandons, notre défaite serait sa mort en Amérique.

MONTCALM

Donc, il faut vaincre pour vivre.

LEVIS

Et il faut vivre pour vaincre !

LES SOLDATS jubilent, et poussent des acclamations

Bravo ! Bravo ! Bravo ! Vive Montcalm !
Vive Lévis ! Vive la France ! — (l'allégresse est à
son comble.)

MONTCALM

Leur joie me rappelle un épisode de mon
histoire romaine : Les cohortes de Rome com-
mandées par Quintus Cicéron, et bloquées par
les Gaulois, manifestèrent la même joie quand
elles virent arriver les légions de Labiénus.

Et maintenant, mon cher Lévis, nous avons
une rude journée à faire. Les Anglais sont là-bas,
auprès des ruines du fort William-Henry, et ils
ont une armée de vingt-six mille hommes : Tu
entends ? vingt-six mille hommes !

LEVIS

Oui, et nous sommes un peu plus de trois
mille. Un contre huit.

MONTCALM

A peu près — C'est assez ?

LEVIS

Oui, c'est assez pour vaincre ; mais ce n'est pas assez pour poursuivre l'ennemi vaincu, et l'anéantir.

MONTCALM

Non, tu vois d'ici le terrain, les lignes de retranchements, le fort, la rivière, et voici mon plan de bataille.

Au premier appel des clairons, les bataillons marcheront en avant, et borderont les retranchements, en se groupant plus nombreux aux angles des redans.

Derrière eux, les grenadiers rangés en bataille attendront l'ordre de marcher où besoin sera.

Là-bas, dans la pente qui borde la forêt, les Canadiens se battront en tirailleurs, en se cachant derrière les arbres.

Bourlamaque est chargé de la gauche avec les régiments, LaSarre et Languedoc.

Toi, tu prendras la droite avec Guienne, Béarn, et la Reine.

Moi, je me tiendrai au centre avec le premier de Berry, et le Royal Roussillon.

Le deuxième bataillon de Berry, commandé par Trécesson, gardera le fort.

LÉVIS

Ce plan me paraît très bon, sauf à le modifier pendant la bataille, comme nous faisons toujours, quand les péripéties de l'action l'exigent.

MONTCALM

C'est bien entendu.

Pendant que Montcalm et Lévis causent ensemble, les soldats groupés à
la porte des tentes prennent leur déjeuner. Il fait grand jour, les conversations,
badinages, éclats de rire prouvent la bonne humeur de tous.

UN SOLDAT

Quand je vois nos deux chefs se concertant
ensemble, je n'ai plus peur de rien, moi.

UN AUTRE

Moi, non plus.

DIX AUTRES A LA FOIS

Nous, non plus.

PREMIER SOLDAT

Et maintenant, les Anglais peuvent venir. —
Nous allons leur servir la soupe chaude.

UN AUTRE SOLDAT

Ils en auront une indigestion ; car les pois
canadiens sont durs... Nous le savons par ex-

périence, surtout quand nous les mangeons avec
de la viande de cheval.

UN JEUNE OFFICIER

Eh ! bien, mes amis, j'ai dîné chez l'Intendant
l'hiver dernier, et pour nous prouver que la
viande de cheval est excellente, il nous en a
fait manger à toutes les sauces, et tout le monde
a trouvé que son menu était délicieux.

Je me souviens d'une langue de cheval en mi-
roton, d'un filet de cheval piqué à la broche, d'un
rognon de cheval à la ̄ ̄ ̄ padour, d'un entre-
côte au jus, et tout cela était succulent. Mais
il faut dire que les sauces étaient merveilleuses.

UN SOLDAT

Ah ! Voilà ! la sauce relève tout. C'est
comme la forme dans un discours. Une belle
phrase fait tout avaler.

AUTRE SOLDAT

Avec la viande et les pois qu'il nous envoie,
l'Intendant devrait nous envoyer son cuisinier,
ou ses sauces.

L'OFFICIER

Et nous lui enverrions en retour notre au-
mônier pour le soulager des *poids* qu'il doit avoir
sur la conscience.

UN SOLDAT

Tout de même, c'est un rude métier que celui de la guerre en ce pays. Mal nourri, mal vêtu, mal payé...

UN SERGENT

Oui, mais, à l'automne, nous revenons couverts de gloire ; c'est un vêtement somptueux.

UN SOLDAT

Il n'est pas chaud l'hiver.

BAPTISTE canadien

J'aime mieux un bon poële, avec beaucoup de bois de chauffage.

UN SOLDAT FRANÇAIS

Mais comme tu es pâle, Baptiste ! As-tu peur ?

BAPTISTE

Je n'ai pas peur pour moi, mais pour Françoise.

UN SOLDAT FRANÇAIS

Ah ! C'est Françoise qui t'inquiète ? C'est ta fiancée ?

BAPTISTE canadien

Non, c'est ma *blonde*.

UN SOLDAT

Ah ! Elle est *blonde ?*

BAPTISTE

Non, elle est brune.

UN OFFICIER

Et si elle perdait son Jean-Baptiste, ce serait une grosse perte, car tu es gros et gras, mon garçon — Quel âge as-tu ?

BAPTISTE

Seize ans.

LE FRANÇAIS

Ah ! voilà, c'est ton début — mais ne t'inquiète pas de Françoise, va, elle se consolera avec un autre.

BAPTISTE

Pas avec un Français toujours, car elle les trouve trop blagueurs.

LE FRANÇAIS

Eh ! bien, ce sera avec un Canadien.

BAPTISTE

Ça ne sera pas plus gai pour moi.

LE FRANÇAIS

Tu t'en moqueras bien, toi, tu seras mort.

BAPTISTE

Tiens, c'est vrai.   Tout de même, vous avez
de drôles de consolations, vous autres.

LE FRANÇAIS

Ça vaut mieux que rien.

BAPTISTE

Non, je crois que c'est pire.

Des coups de feu retentissent du côté de la rivière. Quelques soldats y courent, et reviennent en riant.

UN SOLDAT

Ce sont des Anglais et des Sauvages qui
tirent sur nous, de la montagne du Serpent-à-
Sonnettes ;   mais leurs balles tombent dans la
rivière.

Plusieurs éclatant de rire. Ah ! Ah ! Ah !

Alors leurs sonnettes sont des sornettes. Lais-
sons-les assaisonner la rivière avec leur poivre
et leur sel. Le sel anglais est si lourd qu'il cale
au fond tout de suite.

*Plusieurs officiers, canadiens, Saint-Ours, Gaspé, de Lanaudière s'appro-
chent des deux chefs et leur serrent la main.*

MONTCALM

Vous allez ⏤us bien, je vois ? Et toujours au poste d'honneur ?

DE LANAUDIERE

Oui, certes, puisque nous sommes à vos côtés, général.

MONTCALM

Merci, mais dans une heure, ce sera le poste du danger.

DE LANAUDIERE

C'est la même chose.

Lévis s'approche de Lanaudière.

LEVIS

Bonjour de Lanaudière ; quelles nouvelles as-tu de la famille ?

DE LANAUDIERE

Elles sont bonnes — quoique ma femme soit toujours inquiète.

LEVIS

Et Giselle ?

DE LANAUDIERE

Elle est toujours pleine d'espoir et de courage.

Elle est persuadée que le général et vous ne pouvez pas être vaincus.

MONTCALM

Elle a peut-être raison ;   mais nous pouvons mourir : ce qu'il faut surtout, c'est que la patrie ne meure pas !

Les clairons sonnent.

MONTCALM

Tiens !   L'ennemi est plus près que je ne le pensais. Allons, soldats, à vos postes !

Officiers et soldats courent vers les retranchements en criant :

Vive Montcalm ! Vive Lévis !

(Le rideau tombe)

DEUXIÈME TABLEAU : *Après la bataille.*

Mêmes décors. (Au fond, des nuages de fumée enveloppent les retranchements qui brûlent. Au delà, retentissent encore quelques coups de feu — c'est la poursuite des fuyards. — Au pied des retranchements, des morts gisent dans l'herbe et des blessés se traînent. D'autres blessés sont emportés par leurs camarades dans la direction des tentes).

Les fanfares jouent l'air de la victoire, et les groupes se rapprochent.

BOURLAMAQUE

Enfin, la victoire est à nous,   et nos morts d'avant-hier sont vengés.

Au pied du grand chêne où je l'ai enterré hier, mon pauvre Trepezec a dû tressaillir en entendant nos acclamations victorieuses.

DE LANAUDIERE

Oui, mais de nouveaux camarades sont allés dormir à ses côtés. Cette victoire nous coûte cher.

BOURLAMAQUE

Elle coûte plus cher à nos ennemis — quatre mille morts ou blessés ! Les nôtres se comptent par quelques centaines. Gloire à eux ; car ils sont tombés au champ d'honneur, et ce sont leurs ᴊ eaux victorieux qui flottent aujourd'hui sur leur couche funèbre.

DE LANAUDIERE

Les Canadiens en ont perdu beaucoup. Ce pauvre Baptiste a été tué. Il s'est battu comme un lion, et il m'a recommandé sa Françoise.

UN AUTRE OFFICIER

Pauvre garçon ! Tous, Français et Canadiens, se sont admirablement battus.

BOURLAMAQUE

Oui, certes, mais les Anglais aussi ont été braves ; et ce fut un moment terrible, quand, re-

poussés avec pertes, ils sont revenus contre nous,
et nous ont chargés à la baïonnette, en marchant
sur les corps de leurs camarades expirants.

DESANDROUINS

Du poste que j'occupais, j'ai très bien vu
ce choc formidable, et j'ai tremblé pour nos troupes.

A chaque décharge qui sortait de nos retranchements en jets de flamme, les rangs des ennemis
s'éclaircissaient : mais à chaque fois leur colonne
se reformait et les baïonnettes plus serrées conti-
nuaient d'avancer. Les Ecossais surtout étaient
admirables. Leurs longues jambes nues se tei-
gnaient dans le sang des morts, et comme des
géants invulnérables, enjambant par-dessus les
grands arbres abattus, ils venaient tomber au
pied des retranchements, et se couchaient dans
les feuillages ensanglantés. Je n'oublierai jamais
ce spectacle terrifiant.

DE LANAUDIÈRE

Mais si les assaillants furent si héroïques,
que dire de ceux qui les ont vaincus !

Le poids de la bataille a pesé surtout sur notre
droite, et c'était là notre point faible ; car la
nature du sol ne nous fournissait aucune protec-
tion de ce côté, et les Anglais en contournant
notre aile droite pouvaient nous prendre en flanc.

Mais Lévis était là, et vous savez qu'il n'a pas son égal pour faire la bataille à l'œil.

SAINT-OURS

Là aussi se trouvaient les milices canadiennes avec de Langis, et de Gaspé, et elles étaient spécialement chargées d'empêcher l'ennemi de tourner notre position.

C'était une manœuvre difficile et périlleuse, et je les ai vus plusieurs fois, nos braves miliciens, sauter par-dessus les retranchements, s'éparpiller dans les bois, et diriger contre l'aile gauche de l'ennemi une fusillade terrible, pour lui ôter l'envie de tourner notre flanc droit.

Ils disparaissaient dans les branches, et quand les Anglais s'approchaient du bois, le croyant abandonné, les coups de feu éclataient sous le feuillage, des fumées blanches montaient en spirales comme l'encens des sacrifices, et les Anglais ployaient comme des blés trop mûrs sous un vent d'orage. C'était effrayant.

BOURLAMAQUE

A toi la parole, Larochebeaucourt ; et dis-nous un peu ce que faisait notre général.

LAROCHEBEAUCOURT

Je puis vous assurer qu'il n'était pas inactif, il avait perdu son casque, et enlevé son uniforme.

En chemise, tête nue, le visage enflammé, il
galoppait sur son grand cheval noir, à gauche,
à droite, au centre, indiquant de son épée qui
flamboyait au soleil tous les mouvements à faire
et les points faibles à défendre.

Desandrouins et moi, nous transmettions ses
ordres — mais Desandrouins faisait plus de be-
sogne que moi, il transmettait aussi aux soldats
toutes sortes de faux rapports pour les encoura-
ger. J'espère que le ciel le récompensera pour tous
les mensonges patriotiques qu'il a semés dans
ses courses.

Allons Desandrouins, conte-leur donc ça un
peu.

DESANDROUINS

Je ne m'en souviens plus, raconte-le toi-même.

LAROCHEBEAUCOUR

Eh ! bien, voici : A droite, il exagérait
les succès de la gauche, et à gauche, les succès
de la droite. Sa voix de stentor criait : — Courage, camarades, il y a là-bas près de nos retranchements quinze cents Ecossais le ventre en l'air.
L'aile droite de l'ennemi est enfoncée par Bourlamaque. Le centre est en déroute. Les tirailleurs anglais se cachent derrière les souches ;
mais ils sont trop grands, et les souches sont trop
courtes pour sauver leurs têtes !

PLUSIEURS SOLDATS

Bravo !   Desandrouins !

DESANDROUINS

O mes amis, ce qui fut terrible, ce fut la fin
de la bataille. L'ennemi avait concentré ses forces
sur notre droite, pour nous porter le coup dé-
cisif ; et il nous aurait été fatal si nos deux
chefs ne s'étaient pas réunis pour décider la
victoire.

Montcalm avec les grenadiers, et Lévis avec
les Canadiens n'étaient pas de trop pour sou-
tenir le choc des Montagnards écossais et des
Rangers.

Les retranchements grondaient comme la foudre. Le feu prit aux arbres entassés sans mettre
fin à la fusillade. Montcalm, toujours nu-tête,
couvert de sueur, noirci par la fumée, les yeux
chargés d'éclairs était au plus fort de la mêlée.

Lévis avait encore son chapeau, mais il était
percé de deux balles. Tout-à-coup il cria : En
avant Canadiens ! — ils étaient sept cents groupés alors, et couchés dans les broussailles à l'ex-
trême droite.

Couverts de sueur et de poussière, menaçants
et farouches, rampant comme des tigres prêts
à bondir sur leur proie, ils s'élancèrent sans pousser

un cri, sautèrent par-dessus les retranchements et disparurent. En un instant, les taillis voisins devinrent une fournaise ardente.

C'était par là que les forces concentrées de l'ennemi espéraient entrer. Mais elles se rencontrèrent avec la foudre. Chaque arbre cachait un fusillier. La forêt faisait explosion comme une batterie formidable, et des profondeurs de l'ombre et de la fumée jaillissaient des flammes meurtrières.

Le nombre des assaillants décroissait à vue d'œil, et bientôt les coureurs des bois sortirent de leurs cachettes et s'élancèrent à la poursuite des survivants qui retraitaient.

La bataille était gagnée.

Pendant ces récits les soldats arrivent de toutes les directions et Montcalm et Lévis n'ont pas encore paru.

DE GASPE

· Où sont donc nos deux chefs ?

DE LIGNERIS

Ils parcourent le champ de bataille. Ils font porter des secours aux blessés. Ils font distribuer un peu d'eau de vie à ceux qui sont épuisés.

Et puis, le général a fait faire une grande croix avec un des arbres des retranchements, et il y a attaché une inscription latine, qui veut dire :

" Voici le signe de la victoire, Dieu est ici, et
c'est lui qui triomphe ! "

BOURLAMAQUE

. C'est un poète chrétien, notre général !

Enfin Montcalm paraît suivi de quatre soldats qui portent la croix, et les
troupes l'acclament.

Lévis arrive aussi, Montcalm s'avance, et ils se jettent dans les bras l'un
de l'autre.

MONTCALM

. Ah ! mon cher lieutenant, quelle belle victoire ! Et quelle joie de te revoir sain et sauf !

LEVIS

Mon chapeau seul a été blessé de deux balles.
Et le vôtre ?

MONTCALM

. Il a été tué, je pense. Car il est tombé au
plus fort de la bataille, et je ne l'ai plus revu.

LEVIS

Et votre cheval ?

MONTCALM

Tué aussi.

Nouvelles acclamations :

Vive Montcalm ! Vive Lévis ! Vive nos chefs !

Montcalm monte sur le tertre où la croix vient d'être plantée.

"Soldats, c'est le Christ et non pas moi qu'il faut acclamer ; car c'est par lui que nous avons vaincu. Vous vous êtes battus comme des héros, et je suis fier de vous tous. Mais quand je compare nos forces à celles de l'ennemi, je suis aussi sûr de l'assistance divine que si la vision du *labarum miraculeux* m'était apparue, comme à Constantin.

Et c'est pourquoi j'ai voulu planter ce signe victorieux sur le sol arrosé du sang des nôtres, afin que cette terre devienne sacrée.

Un jour, peut-être, le drapeau français sera forcé de repasser les mers ; mais la croix restera, et c'est à son ombre que la Nouvelle-France grandira ! "Soldats : *O Crux Ave !*

Les soldats tombent à genoux et chantent : *O Crux Ave !* Les Sauvages regardent avec étonnement et restent debout—Mais sur un geste de Montcalm, ils s'agenouillent avec lui.

(Le rideau tombe).

TROISIEME ACTE

La scène se passe au Château Saint-Louis, dans le bureau du Gouverneur.

SCENE I

MONTCALM ET LEVIS

Au lever du rideau un domestique fait entrer Montcalm et Lévis, et place deux candélabres sur la corniche.

MONTCALM AU DOMESTIQUE

Ne dérangez pas M. le Gouverneur. Nous arrivons avant l'heure.

LE DOMESTIQUE

M. le gouverneur est sorti ; mais il va bientôt rentrer. (Il sort).

LEVIS

Ainsi la mission de Bougainville n'a pas réussi ?

MONTCALM

Hélas ! non. Elle lui a réussi personnellement, puisqu'il a été fait colonel et chevalier de Saint Louis ; et plusieurs de nous ont reçu des promotions et des titres.

Mais c'est la colonie qui demandait des secours, et c'est elle qui ne reçoit rien.

Sais-tu quelles recrues on envoie à nos troupes pour remplir les vides que la guerre a faits ? Trois cents hommes.

LÉVIS

C'est incroyable.

MONTCALM

Ah ! mon cher Lévis, si la Providence ne fait pas un miracle pour la sauver, cette colonie est perdue.

LÉVIS

Il faut chasser ces noirs pressentiments, général, et ne pas perdre courage.

MONTCALM

Oh ! ce n'est pas mon courage qui faiblit, c'est mon espérance ; et c'est l'avenir de cette colonie qui me paraît désespéré. Mais tu me connais assez pour savoir que malgré tout, je lutterai avec toi jusqu'à la fin.

LÉVIS

Je le sais. Et quand nous aurons tout fait

pour sauver ce pays, nous rentrerons en France,
et la patrie récompensera nos services.

MONTCALM

Peut-être, si elle en vient à comprendre
toute l'étendue de nos sacrifices et tout le mérite
de nos travaux et de nos combats. Mais qui sait
si nous survivrons aux injustices du sort et à
celles des gouvernants.

LEVIS

Voyons, mon général, vous qui savez par cœur
vos classiques grecs, n'oubliez pas qu'Ulysse a
revu sa chère Itarque.

MONTCALM

Oui, mais c'est vous qui êtes Ulysse, mon cher
Lévis. Et si j'en crois mes pressentiments, moi,
je suis le malheureux Achille ou le plus malheureux Hector qui moururent tous deux sous les
murs de Troie.

LEVIS

Je comprends votre tristesse, mon cher
ami ; car je sais que Bougainville vous a rapporté
la nouvelle qu'une de vos filles est morte.

MONTCALM

Hélas ! Et Bougainville n'a pu me dire

laquelle de mes filles je ne reverrai jamais. Peut-être mourrai-je moi-même sans l'avoir appris.

LEVIS

Evidemment ce grand chagrin domestique assombrit encore vos inquiétudes patriotiques.

MONTCALM

C'est vrai. Je suis hanté par le pressentiment que la Nouvelle-France va mourir, et que je vais mourir avec elle.

Ah ! mon cher Lévis, qui me rendra mon beau Candiac, et les êtres aimés qu'il renferme ! Quelque chose me dit que je ne les reverrai jamais. Tu connais le dicton populaire de chez nous : La guerre est le tombeau des Montcalm. J'aurai le sort des ancêtres.

LEVIS

Chassez, je vous prie, ces idées noires. Les pressentiments ne sont que des mirages ; et les mirages ne sont pas des réalités.

MONTCALM

Non, mais ils sont quelquefois les reflets de réalités plus ou moins éloignées.

La vue du majestueux Saint-Laurent ne peut pas me faire oublier le Vistre. Ce n'est qu'un ruisseau, le Vistre, mais Candiac y mire ses tourrelles ; il coule à travers mes prairies, et ce sont mes enfants qui jouent sur ses bords. Le Vistre m'est aussi cher que l'étaient aux Troyens le Simoïs et le Scamandre.

LEVIS

Pauvre ami ! Je comprends votre chagrin ; et si j'avais quitté là-bas une femme et des enfants je me sentirais sans doute aussi malheureux que vous. Mais je suis célibataire...

MONTCALM

Et tes amours sont ici, cachottier ?

Je croyais avoir quelque droit à tes confidences, mais tu ne m'as rien dit encore de ton amour pour Giselle de Lanaudière.

LEVIS

Je ne vous en ai pas parlé, parce que ce n'est pas un secret. Mes rapports avec elle sont publics, et je ne cache pas les sentiments qu'elle m'inspire.

MONTCALM

Oui, mais il y a sentiments et sentiments. Si ton amour pour elle est vraiment sérieux, comme je crois qu'il doit l'être, avec une personne de son mérite, tu dois songer au dénoûment qu'il peut avoir.

LEVIS

Oui, j'y pense souvent. Mlle de Lanaudière a pris sur mon cœur un empire que je ne vous cache pas. Mais un mariage est-il possible entre nous ? Voilà la question.

Il y a tant de péripéties dans notre carrière.

Quand finira cette longue guerre ? Quelle en sera l'issue ? Nous n'en savons rien.

MONTCALM

Tu sais bien, n'est-ce pas, que là-bas, au pays natal, ceux qui s'intéressent à ton sort, et qui te sont chers, font pour toi des projets de mariage.

LEVIS

Oui, je le sais trop, et cela complique encore la situation ; mais j'aime assez mademoiselle de Lanaudière pour la préférer à toute autre. La difficulté n'est pas là.

MONTCALM

Où donc est-elle ?

LEVIS

Je vais vous le dire. Le dénoûment de notre idylle dépendra des péripéties de la guerre. Si nous sommes vainqueurs et si la Nouvelle-

6

France reste française : je consentirais volontiers
à servir mon roi en Amérique. Et alors je pourrais épouser Giselle et fonder un foyer dans ce
beau pays qui serait encore la France.

Mais si nous sommes vaincus, et si le Canada
devient une colonie anglaise, évidemment je ne
pourrai pas y rester. Mon épée appartient à la
France, et je ne voudrais pas vivre sous le drapeau d'Albion.

MONTCALM

Mais dans ce cas, mademoiselle de Lanaudière ne consentirait-elle pas à te suivre en France ?

LÉVIS

C'est là qu'est la difficulté. Giselle est canadienne, et très fortement attachée à son pays.
C'est le berceau de sa famille ; c'est le tombeau
de ses pères. Elle aime Québec, comme vous
aimez Candiac. Elle chérit le Saint-Laurent
comme vous chérissez le Vistre. Je crains qu'elle
ne veuille pas quitter son pays.

MONTCALM

J'admire de pareils sentiments et je les comprends. N'est-il pas curieux que le sort de vos
amours, mon cher Lévis, dépende ainsi du sort
de la colonie ?

LEVIS

C'est d'autant plus curieux qu'aux yeux de Mlle de Lanaudière je représente la vieille France, et qu'elle est pour moi la personnification de la Nouvelle.

MONTCALM

De sorte que la séparation des deux Frances entraînera la vôtre...

———

SCENE II

Les mêmes, VAUDREUIL, BOUGAINVILLE et BOURLAMAQUE

VAUDREUIL saluant

Veuillez m'excuser, Messieurs, de m'être fait attendre.

MONTCALM

C'est à nous de vous faire des excuses ; nous sommes venus trop tôt.

VAUDREUIL

J'imagine que vous avez déjà vu Bougainville ?

MONTCALM

Je l'ai vu un instant ce matin.

VAUDREUIL

C'est pour qu'il nous rende compte de sa mission que j'ai voulu vous réunir aujourd'hui.

J'ai invité également l'Intendant ; mais il organise ce soir une grande réception ; et il ne pourra venir que plus tard. Maintenant, mon cher Bougainville, vous avez la parole. Asseyons-nous, Messieurs.

BOUGAINVILLE

Je pourrais commencer mon rapport, comme le messager de Malborough. — Aux nouvelles que j'apporte vos beaux yeux vont pleurer. Car la partie principale de notre mission a déplorablement échoué. '

On nous a fait un accœuil très sympathique et même enthousiaste. On nous a parlé beaucoup des exploits de notre général, et surtout de Carillon ; et l'on ne voulait voir en nous que des messagers de victoires.

Il parait que la guerre est moins heureuse en Europe, et que les armes françaises n'y sont pas souvent couronnées de lauriers.

C'était donc une grande joie à la Cour de savoir qu'au Canada la gloire suit encore le char de la France et qu'on y fait encore des exploits comme au temps des Turenne et des Condé.

J'ai confirmé ces bonnes nouvelles qu'ils

avaient déjà reçues, et j'ai fait l'éloge de nos troupes. Mais j'ai dit aux ministres de Sa Majesté : cela ne peut pas durer toujours. Plus nos efforts sont grands et glorieux et plus nos forces s'épuisent. Il faudrait remplacer les morts, et fournir aux vivants des munitions et des vivres.

Décimés dans trente batailles, nous n'avons pas retrouvé dans la victoire les forces perdues ; et ce n'est pas la gloire qui peut nous nourrir. Les ennemis sont plus nombreux et plus forts que jamais. Ils ont des vaisseaux de guerre, et nous n'avons pas de marine. Dès le mois de mai prochain, ils entreront dans le fleuve Saint-Laurent comme chez eux. Québec tombera fatalement en leur pouvoir si des secours puissants en hommes, en munitions, et en vivres ne nous sont pas envoyés.

— Quelles forces voulez-vous donc, m'a dit M. Berryer, le ministre de la marine.

— Dix mille hommes, (ai-je répondu) et de quoi les nourrir.

— Dix mille hommes ! y songez-vous ? a repris M. Berryer.

— C'est ce qu'il faudrait pour sauver la Nouvelle-France, et nous serions encore bien inférieurs en nombre à nos ennemis.

— Alors, dit le ministre il faut la sacrifier. Quand le feu est à la maison, on ne s'occupe pas des écuries !

BOURLAMAQUE

Honte! honte!

BOUGAINVILLE

Savez-vous ce que j'ai répondu ?

VAUDREUIL

Dites-le nous.

BOUGAINVILLE

J'ai répondu :   M. le ministre, on ne dira
pas au moins que vous parlez en cheval.

VAUDREUIL ET LES AUTRES

Très bien ! Très bien !

LEVIS

Et il ne vous a rien répliqué ?

BOUGAINVILLE

Non, mais il m'a tourné le dos, tandis que
les

J'ai terminé en leur disant : Messieurs, rete-
nez bien ceci : Le Canada perdu, c'est l'Anglais
maître des mers, et de la moitié des continents.

Après quelques jours de conférences inutiles,
on m'a nommé colonel, on m'a donné des dé-
corations, des récompenses pour l'armée, et d'autres hochets.

MONTCALM

Pas de soldats ?

BOUGAINVILLE

Trois cents recrues ! Et c'est tout, avec une lettre du maréchal de Belle-Isle pour le lieutenant général de Montcalm.

VAUDREUIL

C'est l'abandon !

MONTCALM

Hélas ! La France est une semeuse, et ici, comme ailleurs, les Anglais seront les moissonneurs. Et nous les moissonnés !

VAUDREUIL

Avez-vous donc perdu toute espérance, général ?

MONTCALM

Non, je veux espérer jusqu'à la fin, comme vous ; mais vous avouerez que nos espérances n'ont guère de fondement.

VAUDREUIL

Hélas ! la mère-patrie ne connaît pas sa fille ; mais moi, je la connais, et je sais quel grand avenir l'attend, si elle peut être sauvée.

MONTCALM

Vous êtes canadien, gouverneur, et vous croyez peut-être que vous aimez ce pays plus que moi. C'est une erreur. J'y suis d'autant plus attaché qu'il est baigné du sang de mes soldats, et qu'il en sera inondé, si cette guerre terrible continue. Sans doute, vos sentiments à son égard sont les mêmes que les miens.

VAUDREUIL

Oui, certes.

MONTCALM

Eh ! bien, gouverneur, il faut de toute nécessité sauver ce pays.

VAUDREUIL

Avez-vous des doutes sur mon dévouement ?

MONTCALM

Non, gouverneur, mais voulez-vous me permettre de vous parler franchement ?

VAUDREUIL

Parlez.

MONTCALM

Vous affirmez souvent la suprématie de votre

autorité, et vous m'en faites quelques fois sentir
le poids...

VAUDREUIL

L'autorité que j'exerce à votre égard me
vient du pouvoir suprême, et je ne crois pas en
abuser.

C'est plutôt vous qui voudriez me réduire à un
personnage représentatif, portant l'effigie du roi,
mais sans action dans le gouvernement de ce pays.
Or, je prétends être autre chose qu'un royal man-
nequin. Je reconnais que vous êtes l'épée, mais
je prétends tenir le sceptre, c'est-à-dire le pouvoir souverain en ce pays.

MONTCALM

C'est une de vos illusions, en même temps
qu'une erreur du régime auquel nous sommes
soumis. — Mais si vous avez le sceptre servez-
vous-en à l'égard de ceux qui dilapident cette
malheureuse colonie. Affirmez votre pouvoir
en face de l'intendant, et mettez fin au brigan-
dage dont nous sommes tous les témoins et les
victimes.

Bigot et ses complices font des fortunes scandaleuses, non seulement en pillant le trésor
public, mais en dépouillant les colons, en les
rançonnant, en leur extorquant le produit de
leur travail, et en leur vendant à cent, cent cin-

quante pour cent les marchandises dont ils ont
besoin.

Jusques à quand laisseres-vous faire un pareil
commerce ?

VAUDREUIL

Il y a déjà longtemps que je l'ai dénoncé au
gouvernement de Sa Majesté. Ce n'est pas ma
faute à moi si le ministre fait la sourde oreille,
ou si des influences mystérieuses rendent mes dé-
nonciations inutiles.

MONTCALM

Eh ! bien, si vous n'avez pas d'autorité
à Versailles, faites valoir ici celle que vous pré-
tendez tenir du roi. Si vous avez le sceptre, frap-
pez-en les coupables, et je mettrai à votre service le poids de mon épée.

VAUDREUIL

Je le voudrais, mais il y a malheureusement
un étrange conflit entre les pouvoirs dont je suis
revêtu et ceux qui sont conférés à ce personnage
extraordinaire qu'est l'Intendant. Les termes
de sa Commission sont tellement larges et ses
attributions tellement étendues, qu'il croit être
un Etat dans l'Etat.

J'ai déjà tenté de lui reprocher son administration ; mais il m'a répondu qu'il n'a pas de
compte à me rendre.

MONTCALM

C'est une raison de plus qui me fait désespérer de la situation. La philosophie de l'histoire nous enseigne que la ruine d'une nation a généralement trois causes qui sont toujours les mêmes : Un conflit extérieur, des conflits intérieurs, et la corruption des mœurs. Or, les trois causes existent dans cette colonie.

La guerre extérieure est terrible et acharnée. Elle a pris les proportions d'un duel à mort.

L'autorité intérieure est divisée de façon à la rendre impuissante dans les conflits qui surgissent entre les chefs, et entre les deux races.

Et enfin la soif des plaisirs engendre la corruption des mœurs, et la dilapidation du trésor public.

Les Verrès et les Marius étaient des honnêtes gens comparés à Bigot et à ses amis. Quand à l'heure où il leur faut lutter pour l'existence, les nations se livrent aux plaisirs et à la corruption, et sont en même temps déchirées par des querelles intestines, c'est qu'elles sont condamnées à mourir.

Ne consultons pas les entrailles des victimes, comme les Grecs et les Romains, consultons nos propres entrailles ; interrogeons nos cœurs et ils nous diront qu'en face de l'ennemi il ne faut plus

avoir qu'un cœur et qu'une âme avec l'énergie
du patriotisme et de la foi. — Mais pouvons-
nous attendre de pareils sentiments de la part
des pillards et des jouisseurs...

Un domestique entre.

SCENE III

LE DOMESTIQUE

M. l'Intendant demande à voir M. le gouverneur.

Tous, excepté M. de Montcalm, se lèvent pour prendre congé, et serrent
la main au gouverneur mais celui-ci montre à M. de Montcalm la chambre

Je vous prie d'assister à mon entrevue
avec l'Intendant ; je vais laisser la porte ouverte.

LE DOMESTIQUE au gouverneur

Madame est au salon, et demande M. de
Lévis.

M. de Lévis salue le gouverneur et le domestique va l'annoncer au salon.
Il revient au gouverneur, qui lui dit :

Faites entrer M. l'Intendant.

Montcalm se retire dans la chambre voisine.

SCENE IV

BIGOT

M. le gouverneur, vous m'avez mandé ?

VAUDREUIL

Oui, M. l'Intendant. J'ai des choses à vous
dire
trop tardé à vous communiquer.

BIGOT

Votre ton solennel, gouverneur, me donne
à penser que vous avez reçu des lettres du roi,
qui est mon supérieur, comme il est le vôtre.

VAUDREUIL

Non, je n'ai rien reçu de France ; mais je
crois avoir le droit de vous parler, et même de
vous blâmer, sans en avoir reçu l'autorisation
spéciale de Sa Majesté.

BIGOT

C'est une question.

VAUDREUIL

Comment, une question ?

BIGOT

Mais oui. Je tiens du roi mes pouvoirs et

mes attributions, et c'est à Sa Majesté que j'en dois rendre compte.

VAUDREUIL

Vous le prenez de haut.

BIGOT

De la hauteur du poste que j'occupe. Vous avez vos attributions, et j'ai les miennes. Dans l'exercice de mes pouvoirs, je ne reconnais pas d'autre autorité que celle du roi.

VAUDREUIL

Mais vous paraissez oublier qu'en Canada, c'est moi qui représente le roi.

BIGOT

Je ne l'oublie pas, et, je ne vous ai jamais refusé les honneurs qui sont dus à votre caractère représentatif. Mais vous paraissez oublier que je suis seul chargé de l'administration des finances et de la marine ; et que l'administration de la justice est de mon ressort.

VAUDREUIL

Et vous croyez que vous n'avez aucun compte à rendre de votre administration ?

BIGOT

Aucun.

VAUDREUIL

C'est inouï. Et vous croyez que le roi vous
a confié toute l'administration de la colonie, sans
aucune responsabilité vis-à-vis de celui qui le
représente ?

BIGOT

Mais oui.

VAUDREUIL

Ecoutez, Bigot, vous connaissez le résultat
de la mission de Bougainville.

BIGOT

Oui, et je n'en suis pas étonné. La France
a besoin de toutes ses troupes en Europe pour la
guerre qu'elle y soutient ; et elle ne peut plus
venir à notre secours.

VAUDREUIL

Il faut tout de même lutter jusqu'à la fin.

BIGOT

Comme vous voudrez, mais c'est une folie.

VAUDREUIL

Ce sont les ordres donnés par le ministre
à M. de Montcalm.

MICROCOPY RESOLUTION TEST CHART

(ANSI and ISO TEST CHART No. 2)

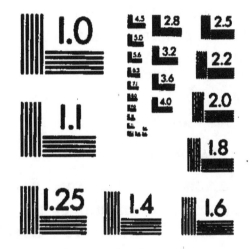

 APPLIED IMAGE Inc

1653 East Main Street
Rochester, New York   14609   USA
(716) 482 - 0300 - Phone
(716) 288 - 5989 - Fax

BIGOT

Je le sais, mais c'est une folie tout de même.

VAUDREUIL

En tout cas, c'est une folie héroïque, et si vous, M. l'Intendant, vous consentiez à sacrifier votre fortune, comme Montcalm veut sacrifier la sienne, cette folie héroïque sauverait peut-être encore la colonie.

BIGOT

Que voulez-vous dire ?

VAUDREUIL

Tout le monde sait que vous avez des magasins remplis d'approvisionnements et d'armes. Or, l'argent c'est le nerf de la guerre. Avec de l'argent, on pourrait recruter des miliciens et les armer. Votre superflu suffirait pour organiser un nouveau corps de milice qui serait d'un grand secours à M. de Montcalm.

BIGOT

Et qui se chargera de me rembourser ?

VAUDREUIL

Ce n'est pas une affaire que je vous propose, c'est une belle œuvre patriotique.

BIGOT

Et vous avez pensé que je serais assez naïf
et assez bête...

VAUDREUIL

Oh ! non. Je sais très bien que vous n'êtes
ni naïf ni bête. Mais j'ai pensé qu'il restait peut-
être encore en vous assez d'honnêteté pour comprendre que l'œuvre proposée serait pour vous
un mode louable de rembourser les sommes énormes que vous devez au gouvernement de Sa Majesté.

BIGOT

Et c'est avec ces phrases doucereuses que
vous osez m'accuser de concussion.

M. le gouverneur, vous êtes plus bigot que
moi — mais sous le régime du roi Voltaire, vos
bigoteries ne passeront pas pour des vertus.

VAUDREUIL

Voilà des injures que je ne tolèrerai pas.

BIGOT

Vous me traitez comme un voleur, et je vous
fais l'honneur de vous donner mon nom. Ce
n'est pas moi qui suis l'insulteur.

Nous ne comprenons pas la vie de la même fa-

çon, voilà tout. Moi, je la comprends, comme on
la comprend à Versailles. Je ne crois pas mal faire
en imitant mon roi.

Nous ne sommes pas obligés de faire pénitence
pour les péchés de la Cour. Si le régime des ana-
choretes vous plaît, je vous engage à y soumettre
aussi votre frère Rigaud, qui nous a présenté
pour l'année 1756 des certificats de dépenses au
montant de 500,000 livres.

Quant à moi, je ne m'y soumettrai jamais.

C'est déjà assez pénible de vivre ici loin de la
civilisation et de son pays. Je prétends m'accorder toutes les compensations possibles et me payer
largement de tous mes travaux et de tous les sacrifices que je m'impose.

VAUDREUIL

Eh ! bien, M. Bigot, si vous ne voulez pas
rembourser volontairement, vous rembourserez
de force. Je vais vous faire arrêter comme con-
cussionnaires, vous et vos complices, et vous livrer à la justice du roi.

BIGOT

Non, gouverneur, vous ne ferez pas cela.
Car vous savez très bien que vous n'en avez pas
le pouvoir, et que mes défenseurs à la Cour seront plus puissants que les vôtres.

N'oubliez pas d'ailleurs que c'est moi que le roi a placé à la tête de la justice, et non pas vous ; que la police est sous mes ordres ; que je préside le conseil Supérieur, et que j'ai droit de juger toutes les matières tant civiles que criminelles.

En renversant les rôles, et en assumant une autorité qui n'appartient qu'à moi, vous commettriez un abus de pouvoir qui vous conduirait à la Bastille.

Nous nous sommes dit, je crois, tout ce que nous avions à nous dire, et je prends congé en vous dispensant des civilités d'usage. (Bigot sort).

SCENE V

Montcalm, qui de ' -hambre voisine avait tout entendu, entre. Vaudreuil, affaissé dans son fa'   iui fait signe de s'asseoir, sans parler... Puis il semble se remettre, et dit :

Vous voyez la situation, général, elle est grave.

MONTCALM

Très grave.

VAUDREUIL

Et sans issue.

MONTCALM

Sans issue légale. — Mais aux grands maux les grands remèdes.

VAUDREUIL

Il n'y a pas de remède. Il est malheureusement trop vrai que l'Intendant est le chef de la Justice et de la police, et qu'aux termes de nos commissions respectives il a pratiquement plus de pouvoirs que moi.

Alors, que reste-t-il à faire ?

MONTCALM

C'est un cas non prévu. On ne pouvait pas prévoir ce qui est arrivé — que le plus grand criminel de la colonie serait le chef suprême de la Justice. Mais en face de l'imprévu, il y a toujours la loi naturelle. Et cette loi naturelle nous donne le droit de nous défendre, et nous impose le devoir de sauver la patrie. Vous commandez la marine et je commande l'armée. Avec ces deux forces nous sommes tous deux les maîtres de la situation, et nous aurons facilement raison de la police, et de l'Intendant, et de ses complices. En un simple coup de main, nous aurons fait Bigot et ses complices prisonniers et nous les aurons placés sous bonne garde à bord d'un navire qui les conduira en France.

Là, un commissaire que nous choisirons et que nous munirons de toutes les preuves contre ces brigands, les livrera à la justice du roi.

VAUDREUIL

C'est jouer gros jeu.

MONTCALM

Evidemment. Dans toutes les batailles on joue gros jeu. Mais ce n'est pas une raison pour reculer devant cet ennemi intérieur qui nous conduit à la ruine, et qui vient de vous provoquer insolemment.

VAUDREUIL

Tout de même, c'est une dangereuse initiative. Et comme Bigot l'a dit, c'est un abus de pouvoir.

MONTCALM

C'est un coup d'autorité.

VAUDREUIL

Contre la loi.

MONTCALM

Contre la légalité. Mais il est un droit supérieur qui n'est pas écrit dans la constitution, et qui justifie les illégalités quand elles sont nécessaires au salut public.

VAUDREUIL

Si je vous comprends bien, c'est moi qui devrais agir, et signer l'ordre d'arrestation.

MONTCALM

Evidemment : c'est vous qui êtes gouverneur, le représentant du roi. Et c'est à ce titre que je vous crois revêtu de ce droit supérieur non écrit que je viens d'invoquer.

Mais sur mon honneur, je vous soutiendrai de mon épée, et je vous défendrai, ici, et à Versailles.

VAUDREUIL

C'est une dictature que vous proposez ?

MONTCALM

Soit, le mot ne m'effraie pas. Songez-y. Quand la nuit descend sur un peuple, ce sont les éclairs de l'épée qui doivent dissiper l'ombre.

VAUDREUIL

Ce sont de brillantes paroles ; mais moi je suis l'esclave de la loi.

MONTCALM

Alors, nous sommes perdus.

VAUDREUIL

Oh ! non, tout n'est pas désespéré.

Tous deux sortent, — la scène reste vide.

———————

SCENE VI

MADAME DE VAUDREUIL entre avec GISELLE et LEVIS.

MADAME DE VAUDREUIL

Enfin les affaires d'Etat sont finies, puisque les hommes d'Etat sont partis.

LEVIS

Et moi ? Ne suis-je pas aussi un homme d'Etat ?

MADAME DE VAUDREUIL

Oh ! non, vous êtes un homme de guerre.

GISELLE

Et un homme du monde.

MADAME DE VAUDREUIL

Un chevalier.

LEVIS

Fidèle au roi et à sa Dame.

GISELLE

A une Dame qu'il n'a pas.

LEVIS

Mais qu'il espère avoir un jour.

MADAME DE VAUDREUIL

Oui, peut-être. Cependant, ce n'est pas la même chose d'espérer et d'avoir. Les amours des hommes de guerre sont exposés à bien des accidents.

LEVIS

C'est vrai ; et ce doit être une rude épreuve pour leurs fiancées quand ils reviennent avec une jambe ou un œil de moins.

GISELLE

Et quand ils ne reviennent pas, c'est bien plus triste.

MADAME DE VAUDREUIL

Je vous laisse gémir tous les deux sur le sort des amours des hommes de guerre, et je vais voir ce que devient mon mari.

SCENE VII

LEVIS et GISELLE

LEVIS

Madame de Vaudreuil se moque de nous.
Elle sait bien que ce n'est pas pour nous le temps
de gémir.

Ne pratiquons pas l'art d'être malheureux.
Mon hivernement à Montréal a été loin d'être
gai ; mais les jours que je passe à Québec me le
font oublier, et grâce à vous, ils sont les plus beaux
de ma vie.

GISELLE

"Grâce à moi" me paraît exagéré. Vous
oubliez les bals, les dîners, le jeu et les autres amu-
sements dont je ne suis pas, et qui vous aident à
passer le temps.

LEVIS

pour vos campagnes lointaines et périlleuses. Où irez-vous, cette année ?

LEVIS

Je ne sais pas encore exactement ; où besoin sera.

GISELLE

Dites plutôt : où danger sera.

LEVIS

C'est bien ainsi que je comprends, et que j'aime la guerre : A vaincre sans péril, on triomphe sans gloire.

GISELLE

Hélas !

LEVIS

Oh ! n'allez pas *gémir*, comme disait Mme de Vaudreuil. Soyons tout à la joie de nous revoir. L'hiver a été si long.

GISELLE

Mais l'été sera bien long aussi pour moi, puisque vous allez recommencer vos expéditions lointaines, et livrer des batailles partout où les ennemis oseront franchir nos immenses frontières.

LEVIS

C'est vrai, mais ce sera la fin de la guerre.

Quelle en sera l'issue, je l'ignore. J'espère toujours que nous vaincrons encore, et que fatiguées de leurs luttes prolongées, la France et l'Angleterre feront la paix.

GISELLE

C'est l'incertitude de ce dénoûment qui fait l'angoisse de mon cœur. Songez, Gaston, à ce que deviendrait notre amour si le sort des batailles nous était contraire. Si la France allait être séparée de sa fille, comme ne serions-nous pas nous-mêmes séparés ?

LEVIS

Voilà comment vous vous tourmentez toujours en prévoyant des catastrophes. Dans notre petit parterre où fleurit la fleur d'amour, vous prenez plaisir à cultiver les épines.

Non, Giselle, ne croyez pas à vos pressentiments funestes. Nous serons vainqueurs, et la victoire protègera nos amours. Et d'ailleurs, pourquoi vouloir absolument que la perte de la Nouvelle-France soit la fin malheureuse de nos amours ? Si vous ne m'aimez pas assez pour me suivre en France, je vous aimerai assez pour faire du Canada

ma patrie. Hélas ! Je sais trop l'accueil qui nous
attend dans la mère-patrie, si nous y rentrons
vaincus et désarmés. Toutes nos luttes glorieuses
seront oubliées, et quand on parlera de nous on
dira: ce sont eux qui ont perdu la Nouvelle-France.

Ce sera faux, et souverainement injuste ; mais
on le dira quand même ; et la faute de nos gouvernants qui nous abandonnent retombera sur nous.

Il y a vingt ans que je me bats pour la France
et que je risque ma vie pour elle. Ne lui ai-je
pas payé ma dette ?

Oui, j'ai assez vécu pour la guerre. Il me semble
que j'ai mérité, comme les oiseaux migrateurs
qui nous reviennent en cette saison, d'avoir
aux bords du Saint-Laurent un nid de repos et
d'amour.

GISELLE toute grisée par ce discours, et emportée par l'admiration s'écrie :

O mon chevalier, que je vous aime !

————

SCENE VIII

Les mêmes et MADAME DE VAUDREUIL

MADAME DE VAUDREUIL

Giselle, vous êtes émue ; et l'on dirait que
votre chevalier vous a fait pleurer ?

GISELLE

Ce sont des larmes de bonheur.

MADAME DE VAUDREUIL

Ah ! tant mieux ! Et vous, chevalier ?

LEVIS

Moi, j'en suis arrivé à cette situation dra-
matique du Cid que vous connaissez, et dans
laquelle il s'écrie :

" Paraissez, Navarrois, Maures et Castillans.
" Et tout ce que l'Espagne a nourri de vaillants :
' ' Unissez-vous ensemble et faites une armée
' ' Pour combattre une main de la sorte animée..."

MADAME DE VAUDREUIL

Oh ! quel beau feu vous allumez dans les
cœurs, nouvelle Chimène !

LEVIS

Elle ne m'a dit qu'un mot pourtant ; mais
un mot qui dit tout, et quand les Anglais et les
Montagnards Ecossais paraîtront à la frontière,
vous verrez avec quelle ardeur nouvelle je mar-
cherai à leur rencontre, au cri de Vive la France !

MADAME DE VAUDREUIL

Crions tous les trois : (tous les trois crient) Vive
la France... et allons prendre un verre de
bourgogne...

Lévis offre son bras à Madame de Vaudreuil qui le pousse vers Giselle.
Exeunt.

QUATRIEME ACTE

Une vaste salle, peu meublée, du manoir de Salaberry. Des uniformes suspendus aux murs, avec des armes. Un lit de camp pour Montcalm, et un autre pour Marcel. Une table avec une lampe, trois chaises. C'est la nuit.

SCENE I

MONTCALM seul

C'est aujourd'hui le 12 Septembre. La nuit est noire et propice aux surprises. J'ai fait le tour des sentinelles ; plusieurs dormaient et c'est moi qui veille. Il y a plus de deux mois que je passe les nuits tout habillé, tout botté, avec des chevaux sellés à la porte, attendant que l'heure de la lutte suprême sonne. (Coups de canons.)

Ah ! ce bombardement qui ne finit plus, et qui brûle et détruit notre chère ville de Québec !

Le vieux château Saint-Louis, la cathédrale, le palais épiscopal, ne sont plus que des monceaux de ruines. Depuis quelques jours, plusieurs bombes sont tombées sur le monastère des Ursulines ; l'une d'elles a pénétré jusque dans la crypte de la chapelle, et a creusé un grand trou dans le sol. Madame la Supérieure, qui est très âgée, m'a dit en souriant : la crypte de notre chapelle est notre cimetière et cette bombe y est venue creuser ma fosse. Elle se moque bien de la mort, la bonne sœur. Mais moi, je ne m'en moque pas, j'en ai le pressentiment. Et c'est peut-être ma fosse à moi que cette bombe a creusée.

SCENE II

MONTCALM et JOHNSTONE

MONTCALM

Bonsoir, Johnstone, quoi de nouveau ?

JOHNSTONE

Rien. — Il y a du mouvement entre Montmorency et la flotte anglaise ; l'on dirait que nos ennemis se préparent à tenter demain un nouveau débarquement sur la côte de Beaupré. C'est le point le plus accessible et ce soir même, plusieurs des gros vaisseaux de l'amiral Saunders se sont rapprochés de la Canardière. Des barges chargées

de marins se sont rangées au bout de l'Ile d'Orléans. Le bombardement de la ville redouble et
se prolonge jusque sur les battures de Beauport.
Est-ce une nouvelle attaque sur notre camp?

MONTCALM

Je ne le crois pas ; car nous les avons re-
poussés il y a quelques jours.

JOHNSTONE

Ne craignez-vous pas une descente au Foulon ?

MONTCALM

Il y a là un poste qui veille. Et les batteries de Samos et de Sillery ne sommeillent pas, j'espère. Il y a de plus le régiment de Guienne qui a
reçu ordre de s'avancer sur les hauteurs d'Abraham, et même de descendre jusqu'au Foulon.
Avec ces précautions de notre part, Wolfe ne
commettrait pas l'imprudence de venir se placer
entre Bougainville et moi.

JOHNSTONE

S'il l'osait pourtant ? ·

MONTCALM

Ce serait un coup d'audace ; mais il n'aurait
pas le temps de ranger ses troupes que je tombe-

rais dessus avec l'artillerie. Bougainville, au bruit
de la canonnade, accourrait avec ses deux mille
hommes, et Wolfe serait écrasé entre deux feux.
Il est vrai que le gouverneur vient tous les jours
contrecarrer mes ordres, et qu'on ne les exé-
cute souvent qu'à moitié. Mais enfin il me semble
que toutes les mesures sont prises pour rendre
une surprise impossible.

JOHNSTONE

Vous avez raison.

MONTCALM

Je le crois, et cependant, je vous l'avoue, je
ne suis pas rassuré. On ne raisonne pas avec les
pressentiments. Sans savoir pourquoi, je me sens
attristé, comme si quelque mystère de malheur
m'enveloppait.

JOHNSTONE

Le Dieu des batailles s'est toujours déclaré
pour vous, depuis que vous commandez les troupes
du Canada.

MONTCALM

Oui, mais il peut changer de côté. Les deux
Frances se montrent-elles bien dignes de ses
faveurs ?...

Ah ! Je voudrais bien avoir Lévis près de moi.
C'est un malheur qu'il ait fallu l'envoyer à Mont-

réal. Et Bourlamaque, mon grand artilleur, éloigné aussi. Sans eux, je suis borgne et manchot...

SCENE III

les mêmes, POULHARIEZ et FONTBONNE

MONTCALM

Tiens ! Fontbonne ! Et Guienne, ton bataillon ? Est-il sur les Plaines d'Abraham ?

FONTBONNE

Il y était. Mais le gouverneur m'a commandé de le ramener au camp, et il dort en ce moment au pied du mont Sainte-Geneviève.

MONTCALM

O malheur ! Et si les Anglais descendaient au Foulon, cette nuit ? Hélas ! Hélas ! Toute armée qui a deux chefs est destinée à périr.

POULHARIEZ

Mon général, vous vous surmenez, et vous ne dormez pas assez.

MONTCALM

Que voulez-vous ? Il faut bien songer la nuit à réparer les fautes commises pendant le jour. Et puis il y a beaucoup de mouvement parmi nos ennemis cette nuit. Je crois qu'ils se préparent à frapper un grand coup. La question est de savoir où ils vont tenter un débarquement. Sera-ce ici ? Je ne le crois pas. Je craignais une descente au Foulon ; et c'est pour cela que j'avais envoyé Fontbonne et son bataillon sur les Plaines. Mais le gouverneur a changé tout cela.

POULHARIEZ

Plusieurs embarcations parties de la flotte s'approchent de notre camp, cette nuit.

MONTCALM

C'est une feinte. J'ai envoyé Marcel demander au gouverneur s'il a des nouvelles de la droite, et surtout du Cap Rouge.

Nous attendons cette nuit un convoi de vivres, deux mille minots de farine venant de Eatiscan, et j'en suis très inquiet. Si les Anglais s'en emparent, que deviendrons-nous ?

On entend des coups de canon.

POULHARIEZ

Entendez-vous ?

MONTCALM

C'est probablement Samos qui défend nos provisions. Ou bien, c'est le bombardement qui continue.

POULHARIEZ

Oh ! les Vandales ! Qu'ils viennent donc se battre contre des hommes, au lieu de passer leurs nuits à démolir des églises, et des couvents qui ne peuvent pas se défendre. Ils font brûler des villages inoffensifs sur les deux rives du fleuve. C'est faire la guerre en sauvages.

MONTCALM

Ah ! voici Marcel qui revient de chez le gouverneur.

SCENE IV

Les mêmes et MARCEL

MONTCALM

Quelles nouvelles ?

MARCEL

Aucune. Le gouverneur dit que tout est calme, et que Wolfe est malade et très abattu.

JOHNSTONE

Allons, mon général, il faut vous reposer. Ne doutez pas de la Providence. Je suis informé de bonne source que Wolfe est découragé et se prépare à lever le siège. Bonne nuit, et à demain.

POULHARIEZ

Bonsoir, général, et à demain.

Fontbonne, Johnstone et Poulhariez sortent.

SCENE V

MONTCALM, MARCEL

MONTCALM

Demain ! demain est commencé. Il y a long-temps que mon horloge a sonné minuit. Qui sait comment demain finira ?... (A Marcel) As-tu fait le journal, Marcel ?

MARCEL

En partie, général.

MONTCALM

Il faut le finir. Assieds-toi là, et pendant que tu vas écrire, je vais me jeter sur mon lit, et tâcher de dormir, en relisant mon vieil *Homère*...

Marcel écrit sur une table, et Montcalm étendu sur son lit de camp ouvre l'*Iliade*.

Long silence.

MONTCALM

N'est-ce pas curieux, Marcel, qu'on ait fait la guerre de Troie pour une femme enlevée ?

MARCEL

Oui, aujourd'hui, l'enlèvement d'une femme n'est pas un évènement. Il fait rire aux dépens du mari, et c'est tout.

MONTCALM

Il faut dire que Ménélas était roi.

MARCEL

Raison de plus pour fermer les yeux, et ne pas publier le scandale. C'était sans doute une malheureuse aventure pour un roi ; mais il valait mieux la laisser tomber dans l'oubli que d'en perpétuer le souvenir par une guerre de dix ans, et par une immortelle épopée.

MONTCALM

Il est certain qu'aujourd'hui on dirait au roi malheureux : Vengez-vous tout seul. La nation ne versera pas des flots de sang pour vous rendre une femme qui n'est pas digne de vous.

MARCEL

Il y a autre chose que je n'aime pas dans l'Iliade.

MONTCALM

Quoi donc, Marcel ?

MARCEL

C'est d'y voir mourir Hector et Achille. Ce sont deux héros admirables, vaillants et pleins d'honneur, tandis que Paris est un séducteur de femme et Ménélas un mari ridicule. Et cependant c'est Hector et Achille qui sont tués. Et Ménélas victorieux, sans une égratignure, reprend sa femme ! Cela me révolte.

MONTCALM

Tu as raison, Marcel.

Si Wolfe et moi perdions la vie dans cette guerre, nous mourrions au moins pour une noble cause, une cause digne de tous les sacrifices.

L'enjeu de la lutte entre nous n'est pas une misérable femme, mais tout un vaste pays du plus grand avenir...

Nouveau silence.

MARCEL

Pauvres Troyens, comme ils se sont fait jouer par les Grecs !

Et quelle dût être leur surprise de voir l'ennemi introduit dans leur ville par ce fatal cheval de bois !

MONTCALM

Heureusement qu'on n'en fait plus de ces chevaux-là.

Montcalm s'endort.

MARCEL

Pauvre ami! Il est exténué de fatigue, et il tombe de sommeil.

Un temps se passe.
Tout à coup Montcalm pousse un cri et s'éveille.

Marcel, j'ai fait un mauvais rêve.

MARCEL

Quel rêve ?

MONTCALM

J'étais sur les Plaines d'Abraham, et je re gardais sur le fleuve un navire abandonné qui descendait à la dérive.

Tout à coup j'aperçus Vergor et ses ldats qui s'en emparaient, et qui l'amenaient u rivage. Je me demandais ce qu'ils a"aient en 'aire, lorsque je les vis traîner ce navire jusque sur les hauteurs d'Abraham. Je m'approchai pour pénétrer ce mystè--. et tu peux juger de mon étonnement quand je vis une multitude de soldats anglais sortir des flancs du navire et se ranger sur la plaine. Je suis resté must d'épouvante. Je voulais crier, et je ne le pouvais pas.

MARCEL

Vous avez crié.

MONTCALM

C'est un rêve étrange, n'est-ce pas ?

MARCEL

En effet, mais il s'explique. C'est la suite de notre conversation, et le navire anglais rempli d'ennemis, c'est le cheval de bois des Grecs.

MONTCALM

Evidemment, c'est cela.

MARCEL

Etrange phénomène que les songes !

MONTCALM

Ils sont souvent des avertissements.

MARCEL

Non, pas souvent ; et sans aucun doute, celui-là n'est pas vrai. A cette heure, je suis sûr que Wolfe dort d'un profond sommeil dans sa cabine.

MONTCALM

Mais je ne t'ai pas tout dit. J'ai vu Wolfe dans mon rêve. Il était à cheval à la tête de ses troupes. Mais il était plus grand que nature et il avait l'air d'un fantôme. Il s'est élancé vers moi l'épée haute ; mais tout à coup il a pris l'apparence d'un squelette ; et son épée s'est recourbée comme la faulx de la mort. C'est alors que je me suis éveillé en jetant un grand cri.

MARCEL

C'est bien étrange en effet ; mais ce n'est toujours qu'un rêve. Recouchez-vous, général, et dormons tous les deux.

Montcalm s'étend de nouveau sur sa couche, et Marcel éteint sa lampe.

MONTCALM sur son lit et se parlant à lui-même.

" L'homme se repose.... il suspend sa marche... mais sa destinée ne s'arrête jamais. Elle marche toujours.. Pendant que je vais dormir, la mienne s'avance silencieusement vers son terme. A chaque heure qui sonne elle s'en approche davantage... Une main invisible écrit au régistre de ma vie des évènements encore inconnus. Elle a tourné une feuille, celle du 12 Septembre 1750. Quels sont les faits qu'elle va consigner sur la page du 13 ? — Mystère. 13 est un chiffre néfaste. Qui sait ? Ce sera peut-être une date mémorable dans l'histoire... O faible humanité, qui ne connaît rien de l'avenir !

Il s'endort — Long silence — On frappe A la porte.

MARCEL

Qui vive ? Un milicien canadien entre en répondant : France!

MONTCALM s'éveille et saute en bas de son lit :

Que voulez-vous ?

LE MILICIEN

Je viens vous annoncer un grand malheur !

MONTCALM

Lequel ? Parlez vite.

LE MILICIEN

J'étais avec M. de Vergor, et nous étions endormis, lorsque le cri de la sentinelle et des coups de feu nous ont réveillés. En un instant le poste a été entouré par de nombreux soldats anglais qui montaient de la grève.

Vergor et ses hommes ont été faits prisonniers, excepté moi, et je suis venu à la course vous avertir.

MONTCALM

Tu mens. Cela n'est pas possible.

LE MILICIEN

C'est la vérité, général, et je vous en donne ma parole. Quand je suis arrivé au chemin Saint-Louis, je me suis retourné, et j'ai regardé en arrière. Il faisait assez clair pour bien voir, et j'ai vu toute la plaine couverte d'habits rouges.

MONTCALM

Qu'en penses-tu, Marcel ?

MARCEL

C'est invraisemblable, mais c'est peut-être vrai.

Montcalm s'élance au dehors, et crie aux sentinelles qui répondent. Les clairons sonnent. Tout le camp se met en mouvement. Montcalm monte à cheval, et dit à Poulhariez qui est revenu :

Poulhariez, restez à Beauport avec deux cents hommes, et envoyez-moi tout le reste des troupe. sur les Plaines, aussi vite que possible. (Montcalm part au galop...)

(Le rideau tombe.)

DEUXIÈME TABLEÂU

Le 13 septembre, après-midi. Chez le docteur Arnoux.

Deux chambres séparées par une cloison, ouvertes sur la salle.—
Celle de gauche est un petit salon meublé. — Celle de droite,
plus grande, est une espèce de bureau avec une large porte au
fond, ouvrant sur la rue. — Du côté de la porte, une bibliothèque
avec livres.—De l'autre une armoire vitrée avec des instruments
de chirurgie. — Table et chaises.

Au lever du rideau, le docteur Arnoux prépare des bandelettes,
de la charpie, des bandes de taffetas, et on entend la fusillade au
loin.

SCENE I

ARNOUX seul

Ces fusillades sont sinistres — j'aimais mieux
le bombardement. Quel réveil nous avons eu ce
matin ! Et quelle va être l'issue de cette bataille ?

En ce moment, se décident les destinées de la
Nouvelle-France. Plusieurs chirurgiens ont suivi
l'armée sur les Plaines ; mais on va probablement
réclamer mes services, et je me prépare...

On frappe à la porte.

Entres. (M. de Bernets entre).

SCENE II

ARNOUX

Ah ! Bernetz, avez-vous des nouvelles ?

BERNETZ

Pas encore, docteur, mais quel coup de foudre ! Et dire que M. de Ramsay nous retient
ici avec l'artillerie, quand les Anglais sont sur
les Plaines d'Abraham !

ARNOUX

C'est épouvantable. — Mais comment cela
peut-il être arrivé ? Qu'a donc fait ce Vergor
de malheur, avec les cent hommes qu'il avait sous
ses ordres ?

BERNETZ

Hélas ! Il n'en avait plus que trente. Hier
même, il avait donné congé aux autres, pour leur
permettre d'aller travailler à leurs récoltes. C'é-
taient des cultivateurs.

ARNOUX

Et Bougainville, avec ses deux mille hommes ?

BERNETZ

Je présume qu'il va tomber sur les derrières des
Anglais, mais nous n'en avons aucune nouvelle.

ARNOUX

Et le régiment de Guienne qui, par l'ordre de Montcalm, s'était transporté sur les Plaines, il y a quelques jours. N'était-il pas là ?

BERNETZ

Hier, M. de Vaudreuil l'a renvoyé à la Canardière, au camp de la droite.

ARNOUX

C'est une série de fatalités !

BERNETZ

Quand les chefs sont divisés, vois-tu, l'unité de commandement fait défaut et tout va mal. Ce matin encore, Montcalm, assure-t-on, avait commandé à la gauche, qui est à Beauport, de le suivre sur les Plaines ; et le gouverneur a donné contre-ordre.

Il y a deux heures, M. de Montcalm a fait dire à M. de Ramzay de lui envoyer des canons ; et M. de Ramzay a refusé, disant qu'il en avait besoin pour défendre la ville.

ARNOUX

Mais alors, dans cette bataille décisive qu'il a engagée, Montcalm n'a pas d'artillerie ?

BERNETZ

Il a trois canons.

ARNOUX

Ah ! Bernetz, n'est-ce pas lamentable ?...

BERNETZ

La canonnade a cessé ; mais la fusillade se rapproche.

ARNOUX

Qu'est-ce-à dire ?

BERNETZ

C'est-à-dire que les nôtres reculent, et que les Anglais les poursuivent.

ARNOUX

Il n'est pourtant pas possible que Montcalm soit vaincu.

BERNETZ

Il ne l'a jamais été. Et c'est le seul général français qui ait vaincu quatre fois les Anglais !

SCENE III

La porte s'ouvre, et Dumas entre.

BERNETZ

Tiens, voici Dumas ; il doit avoir des nouvelles.

DUMAS

Je venais vous en demander. Il paraît que ça va mal.

BERNETZ

Que sais-tu ?

DUMAS

Je sais que la lutte se rapproche toujours, et qu'un grand nombre de fuyards rentrent en ville par les deux portes Saint-Louis et Saint-Jean. On assure que le général anglais est mort. Mais on dit aussi que Senezergues et Fontbonne ont été tués. C'est la fleur de nos officiers. Montcalm fait des efforts inouïs pour arrêter les fuyards et les ramener au combat ; mais ils sont pris de panique.

Il y a un cavalier qui descend la rue Saint-Louis au galop.—Je crois que c'est Montbeillard.

BERNETZ

Montbeillard ! la résistance est finie alors, et nous allons tout savoir.

SCENE IV

Les mêmes et MONTBEILLARD.

MONTBEILLARD

Hélas ! mes amis, nous sommes vaincus !

DUMAS

Mais on dit que Wolfe est mort !

MONTBEILLARD

C'est vrai, mais son armée est victorieuse.

BERNETZ

Et Montcalm ?

MONTBEILLARD

Hélas ! il a reçu deux blessures mortelles, je crois. Faites-lui préparer un lit, Arnoux, il sera ici dans quelques minutes.

ARNOUX

Mon Dieu ! mon Dieu ! Est-il pr 'ble !

MONTBEILLARD

Il rentre en ville, affaissé sur son cheval, soutenu par deux soldats.

BERNETZ

Hélas ! Hélas ! C'est la fin de la Nouvelle-France !

DUMAS

Voyons, Montbeillard, raconte-nous cette bataille malheureuse !

MONTBEILLARD

C'est un récit lamentable à faire, mais il ne sera pas long. Voici : Mon régiment était rangé en travers du chemin Saint-Louis, près des buttes à Neveu, lorsque M. de Montcalm arriva de Beauport, au galop de son cheval. Il braqua sa lunette sur la ligne de bataille des Anglais, et se mit à parler aux officiers qui se groupèrent autour de lui : " C'est incroyable, dit-il, on dirait vraiment que toute l'armée anglaise est là, et qu'elle est déjà en ordre de bataille, mais ce n'est pas possible !

" Quel corps de garde commandait donc ce Vergor ? — Et le régiment de Guienne qui aurait dû dormir ici cette nuit ! O malheur ! Le sort en est jeté, il faut se battre, et malgré tout, il faut vaincre. Mais faut-il attaquer immédiatement ? Ou faut-il attendre que Bougainville arrive ? Depuis longtemps déjà les canons de Samos l'ont averti. Il doit être en marche, et dans moins d'une demi-heure il tombera sur les derrières des Anglais, engagés en pleine bataille contre nous. Il y a encore beaucoup de mouvement parmi les troupes de Wolfe, et elles grossissent à vue d'œil.

Il ne faut pas leur donner le temps de se retrancher, et de dresser des batteries. Qu'en pensez-vous, mes amis ? " Tous les officiers furent de son avis. Ils avaient en lui tant de confiance. Et vous savez qu'il avait coutume de frapper comme la foudre. Il n'hésita pas.

Il parcourut le front de son armée, donnant les ordres nécessaires, et adressant à tous des paroles d'encouragement. Il était superbe à voir. Le génie rayonnait dans son regard, et enflammait les courages.

Bientôt les clairons sonnèrent, et l'armée s'ébranla.

Une dépression du terrain assez profonde nous séparait des Anglais. Nous y descendîmes en très bon ordre, et nous commençâmes à remonter la pente opposée.

Les Anglais, rangés au sommet, essuyèrent notre première décharge sans broncher, et sans répondre. Nous continuâmes d'avancer — mais une décharge formidable instantanée nous arrêta, et nous répondîmes un peu au hasard, enveloppés dans la fumée. Quand elle se fut dissipée, nous vîmes bien, hélas ! que nos lignes étaient déjà rompues, et nos rangs éclaircis. Plusieurs de nos officiers, Sennezergues, Fontbonne, de Saint-Ours, étaient tombés ; de nombreux soldats tués et blessés. Nous reprîmes cependant notre marche en avant, pendant que l'ennemi s'avançait lui-même vers nous.

La fusillade éclata des deux côtés. Les rangs s'éclaircirent encore, et le centre de notre armée fléchit. Nous étions à portée de pistolet de l'ennemi, quand il s'élança contre nous dans une charge terrible à la baïonnette. Ce fut effrayant, et nos soldats furent pris de panique. Ah ! mes chers amis, je vous souhaite de ne jamais voir un pareil spectacle. Nos meilleures troupes frappées d'épouvante s'enfuyaient...

J'avais eu deux chevaux tués sous moi ; mais ils étaient nombreux les chevaux qui n'avaient plus de maîtres. Je sautai sur un troisième, et je rejoignis M. de Montcalm qui était accouru se jeter dans la fournaise. Nous nous mîmes en travers des fuyards, et nous fîmes tous nos efforts pour les rallier. Mais ils passaient à nos côtés, éperdus, sourds à nos appels.

Entraînés dans la débandade, nous avions remonté la pente des Buttes à Neveu, tout auprès du chemin Saint-Louis, lorsque M. de Montcalm fut frappé coup sur coup, d'un éclat d'obus et d'une balle.

J'appelai deux grenadiers pour le soutenir à cheval, et je pris les devants pour venir vous avertir, mon cher Arnoux, afin que vous puissiez être prêt à recevoir et à traiter notre illustre blessé.

ARNOUX

Et la bataille est bien perdue ?

MONTBEILLAI D

Totalement.

ARNOUX

Ah ! Quel épouvantable malheur !

SCENE V

Au fond de la chambre, à droite une femme prépare un lit sur une couchette basse.

La porte de la maison s'ouvre, et l'on voit les grenadiers aider le général à descendre de son cheval. Le docteur Arnoux va au devant de lui avec Bernets.

Les mêmes, M. DE MONTCALM et MARCEL

ARNOUX aidant à transporter le blessé sur son lit.

J'espère que vos blessures ne sont pas mortelles, mon cher marquis ?

MONTCALM

C'est à vous de me le dire, docteur, et je veux savoir la vérité toute entière, au plus tôt.

Le docteur examine le blessé couché sur le lit.

Long silence.

ARNOUX

Ah ! M. le marquis, je donnerais ma vie pour sauver la vôtre. Mais tout mon art est impuissant. Votre blessure est mortelle, et vous allez suivre Wolfe dans la mort, comme il vous a suivi dans la gloire. Après tant de victoires glorieuses, vous n'auriez pas voulu survivre à votre première défaite.

MONTCALM

Non, et surtout, je ne pourrais pas survivre à la douleur de voir les Anglais dans Québec.

Combien de temps me reste-t-il encore à vivre ?

ARNOUX

Quelques heures, mon général.

MONTCALM

C'est assez, pour ce qu'il me reste à faire en ce monde. Marcel, donne-moi une plume, du papier et de l'encre.

Marcel apporte ce qu'il faut pour écrire — et s'assit auprès du lit.

MARCEL

Je vais écrire moi-même sous votre dictée, et vous signerez.

MONTCALM

C'est bien (Il dicte): " Au commandant des troupes anglaises.

" L'humanité des Anglais me tranquillise sur
" le sort des prisonniers Français, et sur celui des
" Canadiens.   Ayez pour ceux-ci les sentiments
" qu'ils m'avaient inspirés.   Qu'ils ne s'aperçoi-
" vent pas d'avoir changé de maître. Je fus leur
" père, soyez leur protecteur. "

Marcel passe la feuille écrite au général qui la signe.

MONTCALM

Et maintenant, Marcel, tu vas écrire aux
êtres bien-aimés de Candiac que tout est fini,
et qu'ils ne me reverront plus en ce monde. Dis-
leur combien je les ai aimés jusqu'à la fin, et combien il est douloureux pour moi de mourir sans les
revoir...

MARCEL

Oui, mon général.

Pendant cette scène, Arnoux paraît donner quelque stimulant au général.

MONTCALM

O France ! ton amour m'a coûté bien cher !
Il y a trente-quatre ans que je bataille pour ta
gloire. Aujourd'hui j'ai versé pour toi les dernières
gouttes de mon sang...

Et j'ai perdu ma dernière bataille ... mais
l'honneur est sauf, et ton œuvre en Amérique, ô
France, ne mourra pas toute entière. C'est sur ma

tombe qu'elle revivra, et c'est mon corps qui ser-
vira de piédestal à ta gloire...

On se bat encore là-bas, sur le côteau Sainte-
Geneviève ; j'entends la fusillade qui s'éloigne,
et qui faiblit...

C'est assez, Wolfe, la guerre est finie. Désor-
mais la paix entre nous sera éternelle. Nous ha-
biterons la même patrie... La vie de l'homme sur
la terre, a dit Job, est comme un temps de service
militaire, et ses jours sont comme ceux du mercenaire. Mais le mercenaire a droit à son salaire...
O mon Dieu, quel sera le mien ?...

Entrer dans la vie n'est rien, l'important c'est
d'en sortir noblement. J'en sors par la porte d'honneur, sous les armes, face à l'ennemi, l'épée haute
pour la patrie... Pauvre Louise ! Elle en avait
le pressentiment que je mourrais comme Turenne.

MARCEL, qui écrit...

Mon cher général, puis-je faire encore quelque chose pour vous ?

MONTCALM

Tu écriras à Lévis, et tu lui diras toute mon
amitié et tous mes regrets de ne pas le voir.

Et maintenant, je veux régler mes comptes
avec Dieu. C'est avec Lui surtout qu'il faut faire
la paix. Va me chercher un prêtre.

MARCEL

Monsieur le Curé est ici. Il a appris votre malheur, et il est accouru vous offrir ses services, en même temps que ses sympathies. Il est dans la chambre voisine, et demande à vous voir.

MONTCALM

Fais-le entrer.

SCENE VI

Les mêmes et M. LE CURÉ RÈCHER

MONTCALM

Mon dernier jour est venu, mon cher curé, et je suis heureux de vous voir auprès de moi. Les hommes ne peuvent plus rien faire pour moi, et je ne puis rien faire pour eux. Dieu seul tient mon sort entre ses mains, et pour comparaître devant Lui, j'ai besoin de votre secours.

MONSIEUR LE CURÉ

Dieu pourrait vous sauver encore.

MONTCALM

Oui ;   mais pourquoi ferait-il ce miracle ? Ma mission est finie. C'est pour défendre et sou-tenir la domination française en Amérique que je suis venu ici. Cette domination s'achève, et je finis avec elle. J'ai promis de m'ensevelir sous les ruines de Québec. Il y a trois mois qu'elles tombent sur moi ; elles seront mon tombeau.

L'ABBÉ RÈCHER

Vous êtes jeune encore ?

MONTCALM

J'ai quarante-sept ans. — Mais les années de guerre comptent double. Je ne me fais pas d'illusion, ma dernière heure va sonner ; je veux être seul avec vous, M. le Curé.

SCENE V

Les autres sortent, l'abbé Rècher prend un siège au chevet du blessé, et entend sa confession.

Pendant la scène silencieuse de la confession dans la chambre de gauche, on continue de causer dans la chambre de droite.

SCENE VI

Le GOUVERNEUR et un peu après lui BIGOT.

VAUDREUIL au Docteur Arnoux

Comment va le général ?

ARNOUX

Il va mourir, gouverneur.

VAUDREUIL

Est-il possible ? — Et Lévis n'est pas ici !
Quel malheur ! Il faut absolument que je vois
M. de Montcalm.

ARNOUX

Vous ne le pouvez pas en ce moment, Monsieur le Curé est là, et lui administre les derniers
sacrements.

VAUDREUIL

La nuit vient. — L'armée est en pleine déroute dispersée, sans chef. Que ferons-nous demain ?

ARNOUX

C'est à vous de décider, et d'agir promp-
tement.

VAUDREUIL

Oui, sans doute ; mais il est bien difficile,
dans le désarroi où nous sommes, de connaître
exactement l'état de nos forces. Concentrer nos
troupes et nos milices, et attaquer les Anglais
qui vont se retrancher sur les Plaines est peut-
être bien risqué.

L'INTENDANT BIGOT

Ce serait une folie. Concentrer les troupes
est peut-être possible, mais nous ne pourrions pas
les nourrir.

VAUDREUIL

Naturellement, il n'y a de vivres que pour
vous et vos amis.

BIGOT

Il y en a aussi pour les vôtres, gouverneur,
car les vôtres ont pillé le dépôt de provisions
que j'avais fait au camp de Beauport.

VAUDREUIL

Vous êtes un insolent.

BIGOT

Et vous, un imbécile, aussi prétentieux qu'in-
capable. Prouvez le contraire, si vous en êtes ca-
pahle. Vous avez fait à M. de Montcalm la vie
assez amère pour qu'il soit content de mourir.
Remplacez-le maintenant, et faites éclater vos
grands talents militaires.

VAUDREUIL

Je reconnais que mes talents militaires n'é-
galent pas vos talents pour le pillage.

Fiédmond entre.

SCENE VII

Les mêmes et FIEDMOND

FIEDMOND

Gouverneur, je viens prendre vos ordres pour l'artillerie de la ville.

VAUDREUIL

Adressez-vous à Ramsay, qui commande la garnison.

FIEDMOND

Mais Ramsay et les autres officiers veulent capituler.

VAUDREUIL

Que voulez-vous que j'y fasse ? Les provisions font défaut.

FIEDMOND

Réduisons les rations, et résistons jusqu'à épuisement.

VAUDREUIL

Vous êtes seul de cet avis.

SCENE VIII

La cérémonie des derniers sacrements est finie dans l'autre chambre, l'abbé Rècher est agenouillé. — Montcalm délire, pendant que la discussion paraît continuer entre Vaudreuil et Fiemond.

MONTCALM

Wolfe ! Wolfe ! attends-moi. Je veux revoir encore mon cher Candiac... Oh ! la jolie petite rivière ombragée de saules pleureurs ! C'est le Vistre... Adieu, mon bien-aimé Candiac... Où sont donc ma mère et Louise ?...

Au fond de la scène passent deux femmes en vêtements de deuil, et enveloppées de longs voiles.

Les voilà... Elles sont en grand deuil !... Qui est mort à Candiac ? Oh ! c'est Mirette, ma petite Mirette, ma Mirette bien-aimée !...

Pauvre Louise ! Comme elle pleure !... Mère, Louise, approchez-vous, que je vous embrasse...

O femmes, ne pleurez pas sur moi... pleurez sur la Nouvelle-France, c'est elle qui se meurt...

Les deux femmes disparaissent..

Sa tête qu'il avait relevée, en apercevant sa mère et son épouse, retombe sur l'oreiller, et il expire.

SCENE IX

Dans l'autre chambre, la discussion continue.

FIEDMOND

Alors, tout est perdu ?

VAUDREUIL

Non, mais tout est ajourné.

FIEDMOND

Ajourné ! quand l'ennemi vainqueur se retranche à nos portes ! Et l'armée, qu'en faites-vous ?

VAUDREUIL

Elle est dispersée. Il faudra quelques jours pour la rallier, et il est probable que nous rassemblerons nos forces à Jacques-Cartier, en attendant Lévis.

FIEDMOND

Et dans l'intervalle, vous allez capituler ! Ouvrir les portes aux Anglais ! Et c'est nous qui serons obligés d'assiéger Québec ! C'est lamentable. Et c'est tout ce que vous croyez pouvoir faire.

BIGOT éclatant de rire.

Vous n'y entendez rien, Fiedmond, c'est un trait de génie !

VAUDREUIL

Vous n'avez pas le droit de rire, M. Bigot, car cette situation est votre œuvre. Quand vos criminelles spéculations ont affamé notre ville, il faut bien en sortir, misérable !

BIGOT

Vous me rendrez compte de vos njures.

VAUDREUIL

Quand vous voudrez. Et si vous en voulez une autre, vous êtes un voleur !

BIGOT

Et vous, un assassin ; car c'est vous qui avez tué Montcalm.

_____

SCENE X

L'abbé Récher entre.

Silence, messieurs, le général marquis de Montcalm est mort !

FIEDMOND

Et la Nouvelle-France va mourir !

10

VAUDREUIL

Non, il ne faut pas encore désespérer de son sort. En France, quand le roi meurt, on acclame son successeur en criant : "Vive le Roi !" Ici, nous pouvons dire : Montcalm est mort, vive Lévis !

L'ABBE RÉCHER

Il y a d'ailleurs une loi de l'histoire qu'il ne faut pas oublier : C'est sur les tombeaux que Dieu se plaît à bâtir ; et peut-être faut-il que celui de Montcalm prenne place à côté de Champlain, de Frontenac, et de Laval, pour former les quatre pierres angulaires de l'édifice national qui sera la Nouvelle-France d'Amérique !

(Le rideau tombe.)

CINQUIEME ACTE

PREMIER TABLEAU : *Les adieux des deux Frances.*

La scène se passe sur la place du château Saint-Louis, à Québec, le 18 octobre 1760.

Le drapeau anglais flotte à la tour du château. Une foule agitée circule, et parle avec animation des derniers évènements et de la capitulation.

Officiers français et canadiens sont mêlés. Les principaux sont Bourlamaque, de La Pause, de Malartic, Larochcbeaucourt, Pontleroy, de Rigaud, de Ligneris, de Léry, de Lanaudière, de Langy, de Hertel, de Longueil, de Lorimier, Sabrevois. etc. etc.

Des hommes du peuple échangent les propos suivants :

DE HERTEL

Ainsi donc tout est bien fini ?

DE LANGY

Non, tout est mal fini. Voyez ce drapeau, qui a remplacé le drapeau blanc fleurdelisé ! Et là-bas, à la porte du château, ne reconnaissez-vous pas les sentinelles anglaises ?

DE LORIMIER

Hélas ! oui.

SABREVOIS

Notre belle victoire de Sainte-Foye n'a donc servi de rien ?

LAPAUZE

Je vous demande pardon, elle a jeté un nouvel éclat sur la gloire de nos armes. Elle a démontré que notre défaite de l'année dernière n'a été qu'un accident. La gloire française n'est pas éclipsée puisque notre dernière bataille a été une victoire.

LA ROCHEBEAUCOURT

Ah ! si la France n'était pas si loin ! Et si elle avait pu garder une marine comparable à celle de l'Angleterre, elle aurait pu nous envoyer des secours au printemps dernier.

UN VIEUX SOLDAT

Tous les matins du mois de mai dernier, je venais ici, sur cette hauteur, et je criais à Dieu de m'accorder cette joie avant de mourir, de voir apparaître des voiles françaises au bout de l'île d'Orléans. Mais c'était toujours des navires anglais qui arrivaient... Cette perpétuelle désespérance a bien hâté la fin de ma vie ! Et je me sens mourir !

UN AUTRE SOLDAT

La capitulation définitive est signée. Et quand j'entends sonner les cloches, je me dis : c'est le tocsin de la Nouvelle-France. Elle est bien morte. Et tout ce qui rappelle encore la mère-patrie va s'en aller pour ne plus revenir!

LE VIEUX SOLDAT

Entre les deux Frances, il y avait l'Océan ; mais il y aura bientôt un autre abîme plus profond : la Cession du Canada à l'Angleterre.

UN HOMME DU PEUPLE aux soldats français...

Vous, au moins, vous allez revoir la France ! Mais nous, songez donc au vide immense que vont laisser parmi nous les régiments français.

UN AUTRE

Ce sera pire que le vide ; car nous verrons à leur place les régiments anglais.

LE PREMIER HOMME DU PEUPLE

C'est vrai. Et combien d'autres de nos compatriotes vont quitter notre pays pour n'y plus revenir !

UN AUTRE

Ce n'est plus le pays, vois-tu ?

UN AUTRE

Que vont faire nos seigneurs et nos nobles ?

LE PREMIER HOMME DU PEUPLE

Plusieurs vont partir sans doute ; ceux qui ont de la fortune, et qui espèrent obtenir en France des positions lucratives, en récompense de leurs services pendant la guèrre.

LE DEUXIEME

C'est bien malheureux, car nous aurions grand besoin de leurs conseils, de leur direction dans la situation nouvelle et difficile qui va nous être faite.

LE PREMIER

C'est vrai, mais on ne saurait blâmer ceux qui ne veulent pas vivre sous le drapeau anglais, et qui peuvent retourner en France. La plupart de nos seigneurs resteront cependant.

LE SECOND

Et nos prêtres ?

LE PREMIER

Aucun ne partira.

LE SECOND

Alors, tout n'est pas perdu. Ils seront pour nous des consolateurs et des conseillers.

DE LERY

Les termes de la capitulation sont bien durs.

BOURLAMAQUE

Que voulez-vous ? — Toute résistance ulté-rieure était impossible, et nous avons subi le *vœ victis* du général Amherst, qui a commis l'in-justice la plus criante, en nous refusant les hon-neurs militaires.

LAPAUZE

Ah ! Si vous aviez vu Lévis, à Sainte-Hé-lène. Il était furieux. Et quand il a été informé que M. de Vaudreuil avait cédé et consenti à cette clause déshonorante, le noble chevalier nous a réunis, il a fait apporter les drapeaux, et quand ils furent plantés en terre de manière à former un faisceau, il y fit mettre le feu. Alors, il tira son épée, et nous dit : " Soldats, regar-dez-la bien cette épée. Je vous prends à témoins qu'elle est sans tache, et qu'elle n'a jamais connu ni la défaite, ni le déshonneur. C'est en pleurant que je lui dis adieu. " Alors, il la porta à ses

lèvres et la brisant sur ses genoux, il en jeta les
tronçons dans le feu.

MALARTIC

Murray ne nous aurait pas infligé ce déshonneur.

LAPAUZE

L'Angleterre l'effacera, j'espère, d'elle-même.

MALARTIC

Je le crois. Peut-être consentira-t-elle même
à nous rétrocéder le Canada dans le traité de paix
qui sera signé à la fin de la guerre.

BOURLAMAQUE

Non, mon cher Malartic, c'est une illusion.

MALARTIC

Cependant, Murray le disait lui-même hier
à M. de Lévis, en lui souhaitant une heureuse tra-
versée. — Et sais-tu ce qu'il ajoutait en souriant,
et quelle condition il y mettait ?

BOURLAMAQUE

Eh ! bien, quoi ?

MALARTIC

L'Angleterre, a-t-il dit, rendra peut-être le
Canada à la France, mais à condition que vous

n'y soyez pas envoyé comme gouverneur, parce que nous ne pourrions jamais le reprendre.

LAPAUZE

Bravo ! C'est un bel éloge pour Lévis, mais qui ne le console pas. Je l'ai vu ce matin, et je l'ai trouvé bien abattu.

LAROCHEBEAUCOURT

Oh ! Le noble chevalier ! Où est-il donc en ce moment ?

LAPAUZE montrant le château

Il est là avec Murray et M. de Vaudreuil, à faire les derniers arrangements pour le départ des troupes.

L'*Aventure* et la *Marie* sont à l'ancre dans le port, et nous allons bientôt nous embarquer.

Quelle joie nous aurions de revoir la patrie, si nous y retournions vainqueurs ! Mais qu'il est triste de ne pouvoir y rentrer l'arme au bras et les drapeaux au vent ! Et que répondrons-nous, quand la France nous demandera : Qu'avez-vous fait de ma fille ?

DE LIGNERIS

Certes, ils sont bien à plaindre ceux qui vont partir, mais ils sont encore plus malheureux ceux

qui vont rester, courbés sous le joug de l'étranger.　Le joug de l'étranger ! ! !

DE LANGY

C'est le plus grand des sacrifices.　Mais il
faut bien le faire, si nous ne voulons pas que la
Nouvelle-France meure tout à fait.

SCENE II

BIGOT, CADET, VARIN, PÉAN se groupent à gauche de la scène.

CADET

Eh ! bien, Bigot,　es-tu content de retourner
en France ?

BIGOT

Enchanté ! Ce n'est pas moi qui regretterai la
cession du Canada à l'Angleterre.　*Charité bien
ordonnée commence par soi-même*, dit le proverbe,
or les proverbes sont la sagesse des nations.

VARIN

Il est beau pourtant de sacrifier son intérêt à celui de la patrie.

BIGOT

Oui, c'est de l'héroïsme, mais je ne suis pas
un héros.　Où sont-ils d'ailleurs les héros ? Et

surtout combien sont-ils ? Du reste, ils ont comme
moi leurs intérêts et leurs passions. Ils n'ont pas
la soif de l'or, mais ils ont celle des honneurs et
de la gloire, et c'est pour satisfaire leurs ambitions
qu'ils travaillent.   Leurs intérêts sont différents des nôtres, voilà tout.

Et l'intérêt de la France est-il bien de garder
cette colonie au prix de sa fortune, et de son sang ?

Non, elle coûte trop cher, et elle est trop loin.
Il y a trop longtemps que ce sol stérile est arrosé
du sang de nos soldats. S'il est vrai que j'ai
hâté sa perte, comme Vaudreuil m'en accuse,
je m'en réjouis. J'ai rendu service à la France.

Prévoir la ruine publique, et la transformer en
fortune privée, c'est de la sagesse et de l'habileté.
Pourquoi n'aurions-nous pas vidé la maison quand
nous savions que le canon ennemi allait y mettre
le feu.

CADET

Mais n'avez-vous aucune inquiétude sur
le sort qui vous attend dans la mère-patrie?

BIGOT

Aucune. Je ne crains ni Vaudreuil, ni Lévis.
Ils sont impuissants contre moi à la Cour. Le
roi, lui-même, ne me fait pas peur. Il est trop
absorbé par ses amours pour se préoccuper de
mes affaires. Mes plaisirs ne troublent pas les

siens, et mes maîtresses coûtent moins cher au pays que la seule Pompadour.

Amasser quelques millions pour s'en faire un palais, c'est moins mal que d'entasser des cadavres pour s'en faire un piédestal comme ont fait Montcalm et Lévis.

VARIN

Est-ce que tu ne crois pas à la vertu ?

BIGOT

Non.

VARIN

Elle existe pourtant ?

BIGOT

Dans le dictionnaire, et je ne demande pas qu'on l'en efface. C'est un mot nécessaire dans la langue française.

CADET

Et le jugement de la postérité ?

BIGOT

Je m'en moque. Qu'elle élève un jour un monument à Montcalm, et qu'elle me voue aux gémonies, qu'est-ce que cela pourra bien me faire ?

VARIN

Vous faites erreur, mon ami ; la vertu, le devoir, l'honneur ne sont pas de vains mots. Toutes les langues du monde les contiennent parce qu'ils expriment des réalités.

BIGOT

Pauvre Varin ! Tu as donc toujours des remords ?

VARIN

Oui, mais les remords n'effacent rien.

CADET

Si tu avais passé la nuit dernière à jouer comme nous, tu serais plus gai.

VARIN

Vous avez gagné, j'imagine !

CADET

Oui, mais pas autant que de Cadillac, qui a fait un jeu enragé avec Johannès.

BIGOT

Ah ! ce Johannès, il parle au diable ! A deux heures, ce matin, il m'a raflé cent louis dans un coup de dés !

SCENE III

Lévis sort du château, et dès qu'il apparaît, les acclamations éclatent, les chapeaux et les mouchoirs s'agitent :

Vive la France ! Vive notre Général !

Le général fronce les sourcils, et il étend les mains vers la foule pour l'apaiser.

Silence, mes amis, silence ! Ce pays n'est plus la France, et je ne suis plus votre général ! Je suis un vaincu, et j'ai la mort dans l'âme. Ne voyez-vous pas que j'ai dépouillé l'uniforme, et revêtu des habits de deuil ? J'ai brisé mon épée pour ne pas la livrer ; et si je pouvais arborer un drapeau, il serait noir, et couvert de crêpe.

Cris de : Vive Lévis !

LEVIS

Adieu, mes chers amis canadiens. Là-bas, notre mère à tous, la France, est bien affligée, ma place est à ses côtés.

Lévis s'avance vers Bourlamaque, et lui donne ses dernières instructions :

Vous ne pourrez pas nous suivre aujourd'hui, Bourlamaque. Il faut que vous restiez encore quelques semaines pour rallier nos soldats un peu disséminés, et les ramener en France par le prochain navire.

Aujourd'hui, organisez l'embarquement.

Il serre cordialement la main aux officiers canadiens. Il lève son chapeau et salue la foule qui l'acclame :

Vive Lévis !

(Le rideau tombe.)

TABLEAU FINAL : *Chez Mademoiselle de Lanaudière.*

Petit salon modeste et sévère. Au mur, un portrait de Montcalm.

SCENE I

On frappe à la porte. Un domestique va ouvrir et fait entrer le général de
Lévis.

Le général entre, et s'arrête devant le portrait.

Mon général, tant aimé ! Il faut vous dire
adieu. Vous l'aviez bien prédit que vous seriez
enseveli sous les ruines de la Nouvelle-France.
C'est un glorieux linceul ; dormez en paix maintenant, dans la sainte chapelle des Ursulines,
au murmure des psalmodies plaintives, toujours
aimé et pleuré par tout un peuple !

Giselle entre et lui tend la main qu'il baise avec émotion :

GISELLE

Le triste jour est arrivé. Vous partez, mon
cher ami !

LEVIS

Nous partons, Giselle, tous les deux.

GISELLE

Non, Gaston, il m'est aussi impossible de partir, qu'à vous de rester.

Quand l'amour et le devoir sont en conflit, c'est l'amour qui doit être sacrifié. Si voi 3 restiez en Canada, vous cesseriez d'être français, et vous deviendriez sujet anglais. Cela n'est pas possible, n'est-ce pas ?

LEVIS

Hélas ! non. La France m'appelle ; elle a besoin de mes services ; je ne puis pas les lui refuser.

Mais vous-même, vous êtes française, et vous ne cesseriez pas de l'être en me suivant.

GISELLE

Non, mais je cesserait d'être canadienne. J'avais deux patries : la vieille France et la nouvelle. La première est perdue pour moi, je garde l'autre.

LEVIS

Mais l'au re, elle est devenue une te e anglaise !

GISELLE

C'est vrai, mais cette terre est mon berceau, mon pays natal. Cette terre est le tom-

beau de mes pères, et je ne veux pas qu'elle soit
le tombeau de ma race. Le devoir impérieux de
tous ceux qui y sont nés est d'y rester.

L'Angleterre a pris le territoire ; mais elle n'a
pas pris nos âmes !   Nous resterons français
d'esprit, de langue et de foi.

Ce sol que nous avons défriché et fécondé,
ces lacs et ces rivières dont nous avons peuplé
les rivages, toute cette grande et riche vallée
du Saint-Laurent que nous avons colonisée,
ne deviendront vraiment anglais que si nous les
abandonnons.

Le drapeau anglais n'empêchera pas ce bel
héritage de devenir un foyer de vie française, où
palpitera toujours l'âme de la France.

LEVIS

O ma Giselle bien-aimée, j'admire la noblesse de vos sentiments. Mais les sacrifices que
vous et les vôtres allez vous imposer, vos efforts,
vos travaux, vos souffrances, à qui tout cela va-t-il
profiter ? — A l'Angleterre.

GISELLE

Pour un temps, sans doute. Mais qui connaît
l'avenir ? Que voulaient nos pères quand ils ont
quitté la vieille France ? Ils voulaient fonder
sur les bords du Saint-Laurent une France nou-

velle, une France d'Amérique. Eh ! bien, nous le continuerons ce grand œuvre, et l'Europe étonnée le retrouvera un jour accompli !

Les races indiennes s'éteindront ; mais la race française ne mourra pas. Elle appartient au Maître de la vie, et malgré l'abandon du grand Ononthio, elle sera sauvée !

LEVIS

O Giselle ! vous êtes plus française que moi-même, et combien plus je vous aime ! Mais ces perspectives d'avenir d'une race française en Amérique ne sont qu'un rêve.

GISELLE

Non, ce n'est pas un rêve. Ce sol a bu le sang de ses enfants en trop grande abondance pour devenir stérile. Tant d'holocaustes lui ont donné une immortelle fécondité ; et les blés français continueront d'y pousser sous le soleil du bon Dieu, même à l'ombre du drapeau britannique !

LEVIS

Eh ! bien, alors, moi aussi je vais rester. Et moi aussi je travaillerai à la réalisation de votre rêve.

GISELLE

Non, Gaston, votre devoir n'est pas le mien ; il faut que vous partiez. Plus le sacrifice est grand,

et plus il est digne de notre amour, et de la noblesse de nos sentiments. Si vous ne partiez pas,
vous baisseriez dans mon admiration, ô mon
bien-aimé !

La Nouvelle-France n'était pour vous qu'un
des membres de votre patrie ; et puisque la guerre
en' a fait l'amputation, vous devez agir à son
égard comme vous le faites à l'égard de vos propres
membres, perdus dans une bataille. Vous creu-
sez un trou au pied d'un arbre, vous y enterrez
le membre séparé du tronc, et vous poursuivez
votre carrière sur d'autres champs de bataille.

LEVIS

Mais c'est plus qu'un membre de mon corps
que je vais laisser dans votre pays natal, c'est
mon cœur ; c'est la moitié de moi-même. O Giselle, il me semble que vous ne m'aimez pas autant que je vous aime. Dites-moi encore une fois
que vous m'aimez.

GISELLE

Ne vous l'ai-je pas trop dit ce mot si doux,
que j'aurais dû garder au fond de mon cœur ?

Vous en souvenez-vous ? J'avais le pressentiment que la catastrophe viendrait, et qu'un
abîme se creuserait entre nous !

Mais comment pouvais-je tenir mon cœur toujours fermé, quand votre amour me rendait si fière ?

LEVIS

Ne vous reprochez pas ce qui nous a donné tant de bonheur.

GISELLE ouvre un tiroir, et y prend un paquet de lettres.

Voilà, Gaston, le seul souvenir que je garderai de vous. Ce sont vos chères lettres, vos douces lettres, datées de vos lointaines campagnes.

En voici une écrite de Carillon, au lendemain de votre glorieuse bataille. La gloire n'éclipsait pas l'amour, et vous pensiez à moi, dans ces grands jours où tant de travaux et de fatigues auraient dû me faire oublier.

Je l'ai relue ce matin. Touchez-là, elle est encore toute mouillée de mes larmes.

LEVIS

Chère amie, pourquoi donc nous séparons-nous ?

GISELLE

Ce n'est pas nous qui nous séparons ! C'est la Providence qui nous sépare, comme elle sépare les deux Frances !

·La vie humaine est pleine de ces cruautés. Mais la séparation n'est pas la mort, ni l'oubli.

LÉVIS

O patriotisme ! que tu es cruel !...

Il va regarder le portrait de Montcalm et dit :

" O mon général, inspire-moi !..."

On entend le pas lointain des soldats qui descendent vers le port...
Lévis se rapproche de Giselle et lui dit :

Un dernier mot, Giselle : Croyez-moi, bientôt peut-être, la vieille France reprendra sa
fille...

GISELLE

Alors, vous vous souviendrez que Pénélope
attendit fidèlement Ulysse !

Ils se jettent dans les bras l'un de l'autre.
On entend le pas des soldats sous les fenêtres, et les cris de:

" Vive la France ! "

GISELLE repousse Lévis en disant :

" Adieu, c'est la France qui part ! "

(Le rideau tombe.)

APPENDICE

I

Variantes

———

Ce drame n'a jamais été joué. Voici pourquoi : —

En premier lieu, nous n'avons aucune compagnie théâtrale suffisamment organisée, pour jouer une pièce comme Montcalm et Lévis ; et les compagnies françaises qui nous visitent apportent ici leur répertoire, leurs pièces toutes préparées qu'elles ont jouées ailleurs avec succès, leurs décors, leurs mises en scènes, etc. Ce n'est pas dans quelques jours qu'elles pourraient monter un drame de cette dimension, qui réunit des foules de personnages sur la scène, et qui exige des décors assez dispendieux.

J'ai proposé l'entreprise, un jour, au directeur d'une compagnie française de passage à Québec.

Il a lu mon drame, et il a été d'avis qu'il en ferait un succès s'il pouvait vraiment le jouer à Québec ; mais la chose lui a paru impossible pour les raisons que je viens d'indiquer.

Je crois sincèrement que des amateurs pourraient mieux qu'une compagnie organiser et jouer avec succès ce drame national, même avec une mise en scène incomplète et un personnel limité. S'il fallait y mettre du désintéressement, et un peu de zèle patriotique, c'est parmi nos amateurs qu'on le trouverait.

Un essai sérieux a été tenté, il y a deux ans.

M. Gandrille, acteur français et professeur d'élocution, dont tout le monde se souvient, avait alors organisé toute une troupe d'amateurs pour jouer " Montcalm et Lévis ".

Les rôles étaient distribués. Les répétitions étaient commencées ; et tout promettait de réussir, lorsque M. Gandrille, appelé à son service militaire, dut partir pour la France.

Le projet fut en conséquence abandonné.

J'étais d'avis, comme M. Gandrille, que le manuscrit du drame était un peu long pour la scène, et j'en avais alors retranché plusieurs pages.

Le drame que je publie aujourd'hui est tel que je l'avais préparé pour être joué par les amateurs de M. Gandrille. Mais je crois devoir y ajouter en appendice les scènes et parties de scènes que j'avais supprimées, et j'ose espérer qu'on ne les jugera pas sans intérêt.

Les pages suivantes se trouvaient au commencement de la scène VIᵉ du premier acte :

DE LANAUDIÈRE

Eh ! bien, Bourlamaque, comment va la nostalgie ?

BOURLAMAQUE

Elle va toujours mal l'hiver. Pendant l'été je traîne mes canons un peu partout, sur les rivières et dans les bois, et la nostalgie ne résiste pas au mouvement, aux voyages, à l'excitation des batailles. Mais durant l'hiver, qui n'en finit plus, on s'absorbe en soi-même, dans ses pensées, et dans le souvenir de la patrie absente ; et naturellement la nostalgie revient.

M. DE LERY

Vous devriez faire des expéditions d'hiver, comme nous, Canadiens ; cela vous guérirait.

BOURLAMAQUE

Peut-être. Mais je ne suis pas apte à ce genre d'expéditions. Vous savez que nous ne pratiquons pas la guerre de la même façon.

DE LERY

Oui ; et je sais de plus que vous ne tenez pas en très haute estime ceux que vous appelez les *coloniaux*.

BOURLAMAQUE

Vous vous trompez, j'apprécie beaucoup les qualités militaires des Canadiens ; mais je me permets quelquefois de regretter qu'ils n'aient pas eu l'entraînement de nos troupes régulières.

DE LERY

Mais ne croyez-vous pas que la science de la guerre est moins nécessaire ici qu'en Europe ?

BOURLAMAQUE

Ecoutez, mon ami, moi, je suis un homme de guerre, et vous ne me ferez pas admettre qu'il y a des pays où l'art militaire est inutile.

DE VILLIERS

Non, mais dans un pays comme le nôtre, il y a des opérations militaires que les Canadiens et les sauvages accomplissent, et que les troupes régulières ne sauraient pas faire.

BOUGAINVILLE

Une chose certaine, mes chers amis, c'est que la vie est bien dure dans votre beau pays, et nulle part nous n'avons tant souffert des rigueurs du climat, des longs et pénibles voyages, des fatigues de toute sorte, et même de la nourriture. Nous commençons à nous lasser de manger du cheval et de la soupe aux pois.

DE VILLIERS

La vie des Canadiens n'est pas moins dure que la vôtre. S'il y a un poste dangereux à garder, c'est là qu'on nous envoie. Et les expéditions d'hiver, au milieu des bois, sur les rivières glacées, avec des partis de sauvages, c'est nous qui les faisons, pendant que vous vous amusez dans vos quartiers d'hiver.

BOUGAINVILLE

Vos misères ne soulagent pas les nôtres. Et puis, vous êtes chez vous. C'est votre pays que vous défendez.

DE VILLIERS

C'est la France que nous défendons.

BOUGAINVILLE

Alors, ne nous traitez pas comme des étrangers.

DE VILLIERS

Nous vous traitons comme des compatriotes. Mais nous nous plaignons que vous ne rendez pas justice aux milices canadiennes.

LEVIS s'adressant à Bourlamaque et Bougainville

Vous avez tort, mes amis...

Deuxième variante.

La scène IIe du troisième acte commençait ainsi :

MONTCALM, LEVIS et BOURLAMAQUE

MONTCALM

Bonjour, Bourlamaque ; as-tu trouvé un remède contre ta nostalgie ?

BOURLAMAQUE

Oui, c'est un remède homéopathique : l'ennui par l'ennui.

MONTCALM

Il n'y en a pas d'autre ici. Et j'en étais à dire à Lévis que nous avons eu bien tort de nous éloigner de la mère-patrie.

BOURLAMAQUE

A qui le dites-vous ?

MONTCALM

Avec nos goûts pour la guerre, notre expérience, nos états de service et nos relations de famille, nous nous serions assurés là-bas une brillante carrière, tandis qu'ici...

BOURLAMAQUE

Evidemment, mon général, vous avez raison. Nous ferions plus brillante figure sur les bords de l'Elbe ou du Weser que sur les rives sauvages du Saint-Laurent et des grands lacs. Les yeux de la France ne se détournent guère de l'Europe pour regarder ce qui se passe ici. Mais que voulez-vous. La faute est commise ; le vin est versé, il faut le boire.

MONTCALM

Hélas ! Ce n'est pas le vin qui nous est versé ici, c'est la lie ; et je la trouve amère de temps à autre.

N'importe, nous ferons notre devoir jusqu'au bout, et si la France nous oublie aujourd'hui, elle sera bien forcée de se souvenir de nous, un jour. Sur ce théâtre obscur et ignoré où nous luttons, nos actions d'éclat auront fait la lumière, et la postérité verra et comprendra ce que nos contemporains n'auront pas même soupçonné.

LEVIS

Bravo, général, c'est parler noblement.

MONTCALM

Ah ! si j'étais le chef ! Si je pouvais vraiment commander, mais tu sais comme moi à quel régime funeste nous sommes soumis. Le gouverneur prend plaisir à renverser mes plans, et à contremander mes ordres. Nous ne sommes pas seulement les subalternes du gouverneur, nous sommes les humbles suppliants de l'Intendant qui nous entretient, qui nous équippe, qui nous fournit des armes, des munitions, des approvisionnements, et qui nous fait jeûner avec nos troupes pendant qu'il vit lui-même dans l'abondance, le luxe, au milieu des plaisirs et de l'immoralité.

LEVIS

Cette division de l'autorité entre le gouverneur, l'intendant et vous-même, est vraiment malheureuse ; elle a pour but une certaine pondération des pouvoirs ; mais elle ne produit que des conflits inévitables et désastreux. Que voulez-vous ? Votre poète favori l'a dit :

Pour grands que soient les rois, ils sont ce que nous sommes.
Ils peuvent se tromper comme les autres hommes.

MONTCALM

Je le sais trop, mon cher ami ; et Corneille ajoute :

Mais on doit ce respect au pouvoir absolu
De n'examiner rien quand un roi l'a voulu.

Le roi veut, soumettons-nous, et allons nous battre puisqu'il n'y a guère pour nous d'autre droit que celui de mourir.

LEVIS

Calmez-vous, mon général, et regardez les choses avec plus de sang-froid.

MONTCALM

Du sang-froid ? Tu oublies que je suis du midi, et que mon sang est chaud. Quand je vois dans quelle position humiliante nous sommes ici, j'enrage, c'est plus fort que moi.

As-tu jamais lu les commissions du Gouverneur
et de l'Intendant ?

LEVIS

Non, et j'avoue que j'en ignore absolument
les termes.

MONTCALM

Ecoute un peu, en voici des extraits :
" Le gouverneur a le pouvoir de commander
" tant par mer que par terre, de faire les opéra-
" tions de guerre suivantes: assiéger et prendre
" les places et les châteaux... (quand il le pourra,
" naturellement, et s'il n'y a que lui pour prendre
" les forts l'ennemi y dormira tranquille)... faire
" conduire et exploiter les pièces d'artillerie ;
" établir des garnisons, et enfin commander tant
" au peuple qu'à tous nos autres sujets, ecclésias-
" tiques, nobles et gens de guerre et autres, de
" quelque qualité et condition qu'ils soient.. "

LEVIS

Ce sont des pouvoirs bien grands. — Et
l'Intendant ?

MONTCALM

Ecoute bien ; tu en croiras à peine tes
oreilles : " L'Intendant est à la tête de la justice
" et de la police, et tous les citoyens, même les

12

" gens de guerre (entends-tu ? les gens de guerre)
" sont ses justiciables. Il préside le *Conseil Su-*
" *périeur* et il fait partie même des conseils de
" guerre. — Il a droit de juger toutes matières
" tant *civiles* que *criminelles*, de faire des règle-
" ments et des ordonnances. Il a juridiction sou-
" veraine en tout ce qui concerne la levée et la
" perception des impôts et autres droits de la
" Couronne. Et enfin, il est chargé de l'adminis-
" tration des finances et de la marine. Il a la
" direction du maniement et distribution des
" *argents de la couronne pour l'entretien des gens*
" *de guerre, pour les vivres et munitions,* fortifi-
" cations et réparations, etc. etc. "

LEVIS

C'est énorme.

MONTCALM

Notre position est celle-ci : quand nous ju-
geons, comme gens de guerre, qu'il faudrait
faire telle campagne, s'emparer de tel fort, et
le détruire, ou toute autre opération militaire,
nous devons en demander humblement la permission au gouverneur, et quand nous l'avons
obtenue, supplier Bigot de vouloir bien subvenir
aux dépenses nécessaires, sans rien retrancher
de son luxe et de ses plaisirs. Si j'avais connu
cela avant de quitter la France, jamais je n'aurais

accepté un poste comme celui-ci. Et ce qui est
terrible, vois-tu, c'est que le seul pouvoir qui pourrait rémédier à cet état de choses, est au delà
des mers, à douze cents lieues de nous, et que des
mois et des années de correspondance ne suffi-
raient pas à renseigner le roi exactement sur ce
qui se passe ici.

C'est un mal sans remède, et il ne nous reste
à nous que le devoir de lutter jusqu'à la fin contre
les ennemis de la France, et le *droit* de donner notre
vie pour elle.

LEVIS

C'est plus qu'un *droit*, c'est un *privilège*, et
tous ne l'ont pas.

MONTCALM

Tu as raison, le gouverneur et l'Intendant
n'ont pas cette prérogative suprême, qui nous
assure la gloire dans les siècles futurs. Jusqu'à
la fin nous nous battrons donc ; et si Dieu le
veut nous nous ensevelirons sous les ruines de
la colonie. — Ce n'est pas quand la tempête
gronde que le capitaine abandonne son navire.
Accomplissons nos destinées. — Et du lac Ontario au lac Champlain, et du lac Champlain
jusqu'à Québec, que l'herbe ne pousse plus sous
les pieds de nos soldats...

C'est à ce moment que Vaudreuil entrait, et s'excusait de s'être fait attendre

Troisième variante.

Voici comment se terminait le tableau final des " adieux " au cinquième acte.

GISELLE et LEVIS

GISELLE

Je vous vois encore à votre retour de Carillon, tout triomphant au côté de Montcalm, et je n'ai pas oublié nos doux entretiens mêlés à ces souvenirs de gloire.

Je me souviens qu'un jour vous m'avez dit que j'incarnais pour vous la Nouvelle-France. C'était un doux mensonge, sans doute ; mais, à mes yeux, il était strictement vrai que vous incarniez la Vieille France.

Hélas ! ces beaux jours sont passés et ne reviendront plus.

LEVIS

Il dépend de vous de les faire revenir.

GISELLE

Non, Gaston, c'est Dieu qui a conduit les évènements, et nous devons nous soumettre.

Pourquoi la Providence des nations a-t-elle voulu séparer la mère de la fille ? L'avenir le dira. Peut-être ce malheur, irréparable pour la Vieille France, sera-t-il pour le plus grand bien de la Nouvelle.

Elle est jeune. Un sang généreux coule dans ses veines, et lui assure des siècles de vie.

LEVIS

Ces rêves sont nobles et beaux : mais ce sont des rêves.

GISELLE

Il y a des rêves qui se réalisent.

L'Angleterre nous a vaincus, mais non exterminés. L'avenir sera sombre sans doute ; mais nous vivrons de la foi et de la gloire du passé. Songez aux rayons de bonheur qui traverseront encore ma vie, quand j'entendrai mes compatriotes chanter les gloires de Lévis et de Montcalm, et surtout votre dernière victoire.

Nous resterons attachés au sol natal, et à l'amour de la France, comme le lierre aux grands chênes, et l'on sera bien étonné, un jour, de retrouver en Amérique une Nouvelle-France vivante et florissante en plein territoire britannique.

LEVIS

Mais sur qui pouvez-vous compter pour réaliser de si belles espérances ?

GISELLE

Sur les quelques milliers de colons qui se sont montrés des héros, qui ont cultivé le sol de la patrie, qui l'ont arrosé de leurs sueurs pendant la paix et de leur sang pendant la guerre, et qui pour cela même ne veulent pas l'abandonner. Ceux-là ne sont pas des jouisseurs ; ils sont des souffrants, et ce sont les souffrants qui rachètent les peuples.

Montcalm et vous, général, avez écrit à la pointe de l'épée la plus glorieuse page de notre histoire; mais cette histoire n'est pas finie, et c'est à nous, Canadiens et Canadiennes, de la continuer.

Nous compléterons l'œuvre de la France, celle qu'elle voulait faire à l'origine, et que Dieu ne lui a pas permis d'achever.

Comme elle, nous incarnerons l'héroïsme militaire ; et nous resterons fidèles à Dieu, de qui seul dépend l'avenir des nations.

LEVIS

Quelle âme patriotique vous avez, Giselle !

GISELLE

C'est l'âme de ma grand'mère, Madeleine de Verchères. Il y a deux mois, je suis allée prier sur son tombeau, et c'est elle qui m'a dicté mon devoir, et qui m'a inspiré de vous dicter le vôtre. Au nom de notre amour, Gaston, partez — la France vous réclame.

Lévis se tourne vers le portrait de Montcalm :

" O mon général, inspirez-moi ! "

On entend le pas cadencé des soldats qui passent et qui vont s'embarquer à bord des navires. Ils sont suivis par une foule immense d'hommes, de femmes et d'enfants. Tout à coup un grand cri retentit dans la rue : Vive la France !
Giselle court à la fenêtre et dit :

C'est la France qui part.
" O France adorée, adieu ! . . . "

D'autres cris retentissent sur la place du Château.

LEVIS

C'est la France qui reste.

· GISELLE

C'est la mienne, et sa devise sera : " je me souviens. "

Souvenez-vous aussi, Gaston ; dans la vie nouvelle qui va s'ouvrir pour vous, au milieu du hasard des batailles, n'oubliez pas votre petite France d'Amérique pour laquelle vous avez si glorieusement combattu ; et dites-vous bien alors qu'ici, sur les bords du grand fleuve, il y aura une amie qui priera pour vous, et qui restera fidèle au souvenir, et à l'amour sacrifié...

Séparons-nous, Gaston ; suivez la France qui s'en va.

LÉVIS tombe à genoux.

Je vous en prie, Giselle, suivez-la avec moi.

GISELLE

Impossible ! c'est l'heure des adieux.

Lévis saisit les deux mains de Giselle et les baise avec affusion.

(Le rideau tombe.)

———

II

Quelques détails historiques
sur mes personnages

———

(1)

Montcalm

Tous ceux qui ont lu les deux beaux volumes de l'abbé Casgrain sur Montcalm et Lévis, et le magnifique ouvrage de l'Honorable M. Chapais consacré à Montcalm connaissent déjà les détails historiques qui suivent. Je les ai empruntés à leurs ouvrages.

Montcalm a été une des grandes gloires militaires de la France. Mais c'est ici qu'il est mort, et qu'il repose depuis un siècle et demi dans notre chapelle des Ursulines.

Mieux que la France, croyons-nous, nous avons

gardé sa mémoire, et nous le considérons justement, il me semble, comme une des gloires du Canada.

Dans un discours que j'ai fait à Paris en 1875, j'ai pu dire aux Parisiens que dans leur admirable ville, toute peuplée de statues, j'avais vainement cherché celle de Montcalm. Et dans l'énorme dictionnaire d'histoire et de géographie de Bouillet, où quelques lignes seulement sont consacrées à Montcalm, je lis ce détail au nom de Lévis : " Lévis fut envoyé au Canada pour remplacer Montcalm, tué devant Québec. "

Il faut admettre que les Français d'aujourd'hui sont mieux renseignés sur notre histoire.

La mère de Montcalm, marquise de Saint-Véran, qui paraît dans le prologue du drame, était une femme tout à fait remarquable, et une grande chrétienne. Son mari était né huguenot. Mais elle l'avait converti à la foi catholique. Tout ce que notre héros avait de noble, de généreux et de chevaleresque, il le devait à sa mère.

Il avait épousé, le 3 octobre 1736, Angéline-Louise Talon du Boulay. Elle était bonne, douce, et ne partageait pas le goût de la guerre des Montcalm. Elle pleura sincèrement son mari, et habita le château de Candiac jusqu'à sa mort.

Elle eut deux fils et quatre fille. Louis, son aîné, qui prit le titre de marquis de Saint-Véran, fut député de la noblesse aux Etats Généraux. Il resta à Paris pendant la Terreur, soigneusement caché pour éviter la guillotine.

Au retour des Bourbons, Louis XVIII le nomma lieu-

tenant général. Il avait épousé Jeanne-Marie de Lévis,
nièce du vainqueur de Sainte-Foie.

Dans les deux dernières années de sa vie, Montcalm
habita une maison de la rue des Remparts, à Québec,
à l'endroit où se trouve aujourd'hui le maison No 49.

(2)

Lévis

Le héros de Sainte-Foie appartenait à une famille
noble très ancienne dont les origines remontent au
XII° siècle. Il descendait des Lévis d'Ajac de la branche
cadette de cette famille, et il était né en 1720.

Militaire précoce, il fut nommé à 15 ans lieutenant
au régiment de la marine ; et à 17 ans, il était capitaine.

En 1748, après les campagnes d'Autriche, de Bohême,
d'Allemagne et d'Italie, il fut fait colonel et chevalier
de Saint-Louis.

Il fit la guerre en Canada sous Montcalm, de 1756
à 1760 ; et de retour en France, il continua de guerroyer
pour elle.

Il épousa Gabrielle-Augustine Michel de Tharon,
et il occupa successivement les postes les plus brillants,
entre autres celui de gouverneur de la province d'Artois.
Enfin, il devint maréchal de France, et duc hérédi-
taire. Il mourut en 1787 à l'âge de 67 ans, et sa veuve
fut guillotinée pendant la Terreur.

Son fils, Gaston-Pierre-Marc de Lévis suivit d'abord,
comme son père, la carrière militaire, et il y occupa
de hautes positions. Plus tard, il est devenu un homme

de lettres très distingué, et il publia plusieurs ouvrages, qui le firent admettre à l'Académie française.

Il mourut comblé d'honneurs le 15 février 1830.

(3)

La famille de Lanaudière

Giselle de Lanaudière, mon héroïne, a-t-elle existé ? Je ne le crois pas.

Elle est fille de mon imagination, et je regrette beaucoup qu'elle n'ait pas été vraiment la petite fille de Madeleine de Verchères.

En écrivant l'histoire de ses amours avec le chevalier de Lévis, j'ai conçu pour elle un véritable attachement ; mais je n'ai pu faire davantage pour sa gloire que lui donner une illustre grand'mère, en imagination.

Les enfants de la fiction ont cela d'avantageux que leur auteur peut leur donner une illustre famille, et leur faire accomplir de beaux gestes, qui sont de la fiction. Ce qui est historique, c'est qu'au temps où Montcalm et Lévis demeuraient à Québec, Charles François Tarrieu de Lanaudière y vivait aussi dans l'ancienne rue du Parloir ; qu'il était pour eux un brillant compagnon d'armes, en sa qualité de capitaine dans les troupes de la Marine, et un ami ; que Madame de Lanaudière, née de Boishébert, était une femme distinguée, belle, charmante et très hospitalière, que Lévis et Montcalm fréquentaient beaucoup ; et je ne vois pas pourquoi M. de Lanaudière, qui avait alors près de 50 ans, et qui était fils de Madeleine de Ver-

chères, n'aurait pas eu chez lui une fille ou une nièce
aussi accomplie que Giselle, et dont M. de Lévis, célibataire, serait devenu amoureux.

Oui, cela aurait dû être, mais cela n'a pas été. Et,
malgré mes recherches[1], dans les familles de Charles
François de Lanaudière et de Jean-Baptiste, les deux
fils de Madeleine de Verchères, je n'ai pu y trouver ma
patriotique Giselle.

Mais chose curieuse, j'y ai fait la connaissance d'une
Marie-Anne de Lanaudière, fille de Madeleine de
Verchères, qui s'est mariée trois fois, et qui a été sur
le point d'épouser en quatrièmes noces le célèbre M. de
Bougainville.

Et si le malheureux Bougainville n'est pas venu au
secours de Montcalm sur les plaines d'Abraham, c'est
peut-être parce qu'il flirtait quelque part avec Marie-
Anne de Lanaudière. L'amour ne rend pas seulement
aveugle, il rend sourd aussi, et a empêché Bougainville
d'entendre les détonnations de l'artillerie française.

Cela n'a pas empêché Bougainville de devenir,
plus tard, un illustre marin, de faire le tour du monde,
de sillonner les mers en tous sens, et d'acquérir une
grande célébrité.

(4)

Bigot et ses complices

Ceux qui liront mon drame ou qui l'entendront jouer,

(1) J'ai à remercier Mde Neilson, née de Lanaudière, et notre
éminent archiviste, M. Roy, pour m'avoir assisté dans ces recherches.

concevront sans doute pour ces autres personnages,
qu'ils auront vus à la scène, beaucoup de mépris et
de haine. Et ils seront curieux de savoir quel accueil ce
grand scélérat, chef de ce qu'on appelait le *Grande
Société*, reçut à Versailles à son retour en France.

Leur satisfaction sera grande d'apprendre que la
police Royale l'arrêta, et le renferma à la Bastille, avec
ses complices.

Une commission présidée par le lieutenant-général
de police et composée de vingt-sept juges au Châte-
let, fit le procès des inculpés, qui se défendirent par
tous les moyens que leur scélératesse leur suggéra.

Le procès dura quinze mois. Bigot et Varin furent
bannis à perpétuité du royaume, et leurs biens con-
fisqués. Cadet fut condamné à un bannissement de
neuf ans et à restituer six millions. Les autres concus-
sionnaires eurent à restituer des sommes variant de
trente mille à six cent mille livres[1].

(1) (Voir l'abbé Casgrain).

9 780260 542618